Lehrerheft zu

Vieles ist neu 1

Lehrerheft zu

Vieles ist neu

Biblische Texte, Lieder und Szenen
für die Grundschule

Persen Verlag

Gedruckt auf umweltbewusst gefertigtem, chlorfrei gebleichtem und alterungsbeständigem Papier.

1. Auflage 2005

Illustrationen: Esther Richter
Satz: Fotosatz Stolz, Lahr
Druck und Bindung: Ludwig Auer GmbH, Donauwörth
ISBN 3-8344-**4201**-1

Inhalt

Zur Konzeption des Schülerbuches

Das Grundschulbuch „Vieles ist neu 1" orientiert sich konzeptionell an verschiedenen Bezugsgrößen.

Theologischer Aspekt

Theologisch nimmt das Buch die drei Teile des Apostolischen Glaubensbekenntnisses auf und erweitert sie.
So ist im ersten Kapitel die Schöpfung umfassend thematisiert, im zweiten Jesus Christus und in Kapitel 4 Kirche. Die menschlichen Grunderfahrungen im dritten Kapitel werden konkret als Glaubenserfahrungen in den Familiengeschichten des Alten Testaments und erscheinen im Horizont des ersten Glaubensartikels, in dem es um das Wirken Gottes in der Geschichte geht, für Grundschulkinder der 1. und 2. Klasse am Beispiel des Einzelnen und seiner Familie.

Biblische Botschaft

Das Buch ist stark an der biblischen Botschaft orientiert und versucht, seine Themen auf biblische Inhalte zu beziehen. Damit will es der reformatorischen Einsicht Rechnung tragen, dass evangelischer Glaube und evangelische Frömmigkeit aus der Beschäftigung mit der Heiligen Schrift und den von ihr erzählten Erfahrungen mit Gott leben.
Gleichzeitig sind durch die Zusammenstellung der Inhalte weitgehend die Themenfelder des neuen Bildungsplanes in Baden-Württemberg abgedeckt.
Auf jeweils einer Doppelseite werden entweder ein biblischer Zusammenhang oder ein Thema aus der Situation der Kinder angeboten.

Kindliche Lebenswelt

Biblische Tradition und kindliche Lebenswelt werden in vielfältiger Weise aufeinander bezogen,

- so durch Impulse, die die Schülerinnen und Schüler sowohl in Einzelarbeit als auch mit der Klasse oder in Gruppen bearbeiten können,
- auch durch Bilder, die zum Teil einen biblischen Text kontrastieren und so Situationen aus dem Erfahrungs- und Erlebensbereich der Kinder aufnehmen oder
- durch kurze Texte, die auf Sachverhalte aus der Umwelt des Kindes hinweisen.

So stellen die Bilder keine Illustrationen im klassischen Sinne dar, sondern Deutungen und Impulse zum Weiterdenken, Weiterreden, ja auch zum Weiterspielen. Auch bieten sie sachkundliche Information an.

Die Impulse zielen darauf ab, dass die Kinder die im Bildungsplan genannte „Religiöse Kompetenz" und die ihr zugeordneten anderen übergreifenden Kompetenzen erwerben bzw. vertiefen.
Selbstverständlich sind dabei auch die im Plan in sieben Dimensionen (Mensch, Welt und Verantwortung, Bibel, Gott, Jesus Christus, Kirche und Kirchen, Religionen und Weltanschauungen) angeordneten Bildungsstandards ständig im Blick.

Eine Besonderheit des Buches sind die so genannten Liturgieseiten jeweils am Ende der einzelnen Kapitel. Sie sollen durch ihre besondere Gestaltung und die dargebotenen Texte zur geistlichen Gestaltung des Religionsunterrichtes ermutigen, zur Meditation, Andacht oder auch kleinen gottesdienstlichen Feier.

Zur Einführung

Sich erinnern

Eine alte Weisheit sagt: Wenn dich deine Kinder fragen, so antworte, wiederhole, erzähle immer wieder neu die alten Geschichten. Erzähle so, dass sie lebendig werden, einen Sitz im Leben bekommen. Dann werden sich die Kinder in Situationen ihres Lebens an die Geschichten erinnern und sich aus ihnen Rat und Hilfe holen. Und sie werden ihrerseits ihren Kindern diese Geschichten möglichst wörtlich weitergeben.

So ist unser Buch „Vieles ist neu“ gemeint. Wir möchten Kindern, solange sie die Hände aufmachen, um zu empfangen, Geschenke für das Leben mitgeben: Bilder, Bibelworte, Liedtexte, Gebete, Geschichten. Das eine ist im anderen wiederzufinden, wird ergänzt, erweitert, vertieft.

Manche fragen: Aber verstehen Kinder auch, was sie hören, singen und beten? Liturgische Sprache ist viel mehr als kognitive Sprache, ist nicht Rezitieren, gedankenloses Wiederholen, Auswendiglernen und Vergessen. Liturgische Sprache hat vielmehr damit zu tun, sich hingeben zu können, sich fallen zu lassen, das Heilige zu erleben. Liturgische Sprache ist: Umkehr erfahren, Träume schauen, Geborgenheit fühlen, sich verstanden wissen, Veränderungen einleiten. Darum sollen Gebete, Lieder und Bibelworte im Unterricht eingeübt werden und nicht einfach als Hausaufgabe aufgegeben und dann abgefragt und benotet werden. Das erträgt das Liturgische nicht. Vielmehr braucht es: Zeit lassen, Feste feiern, den Glauben singen, zu Gott beten, Geschichten erzählen und hören. Immer wieder neu!

Und wenn ein Kind sagt: „Das kenn‘ ich schon!“ oder: „Das kann ich schon!“, dann darf das Kind das Bekannte aufsagen, erzählen, nachsprechen. Irgendwann, plötzlich oder endlich, nehmen die Kinder das mit, was sie begleitet – begleitet an die Quelle und durch das finstere Tal.

Methodische Möglichkeiten des Memorierens

Für einen Vers aus der Bibel, den zu lernen wir für wichtig halten, bieten sich verschiedene Möglichkeiten des Einprägens an:
- Liturgischer Rahmen zu Beginn oder Ende der Stunde, indem der Bibelvers in mehreren Stunden gemeinsam oder im Wechsel gesprochen wird.
- Den Text optisch strukturieren, indem einzelne Worte durch Bilder veranschaulicht werden. Beispiel: Solange die Erde steht, soll nicht aufhören Saat und Ernte, siehe Seite 15 in diesem Heft.
- Den Vers auf Karten schreiben, pro Wort eine Karte. Die Karten können gelocht und mit einer Schnur versehen werden. Einige Kinder bekommen die Karten umgehängt, die anderen versuchen, diese Kinder in der richtigen Reihenfolge der Wörter des Verses aufzustellen.
- Im Klassenzimmer eine Wäscheleine spannen, an der immer wieder ein anderer auf einzelne Wortkarten verteilter Vers aufgehängt wird.
- Den Vers mit Bewegungen oder mit Hilfe eines Tanzes einüben. Dazu können die Wörter des Verses auf Karten geschrieben und an die Kinder verteilt werden. Jedes Kind liest der Reihe nach sein Wort vor und steht dazu auf bzw. macht eine Bewegung/Geste dazu, die alle Kinder nachahmen. Es wird stets von vorne begonnen, den Vers zu wiederholen.
- Einige Verse sind vertont worden oder können verklanglicht werden. Verse singen oder/und mit Orff-Instrumenten begleiten/verklanglichen.
- Versteile als Puzzle zusammenfügen. Um den Vers zu lernen, drehen die Kinder die Karten nacheinander um, wobei stets der Vers wiederholt wird. Zum Schluss wird er auswendig gesprochen.
- Vers in Geheimschrift notieren und entziffern lassen.
- Wegwisch-Methode: Den Vers an die Tafel schreiben und mit dem Schwamm jeweils ein Wort wahllos löschen, bis kein Wort mehr an der Tafel steht. Nach jedem Entfernen eines Wortes wird der Vers gemeinsam gesprochen.
- Vers abbauen/aufbauen: Statt Tafelanschrieb den Vers auf einzelne Wortkarten schreiben und diese im Sitzkreis auf dem Boden auslegen und dann einzeln umdrehen. Liegen alle Karten mit der Schrift nach unten auf dem Boden, werden sie einzeln wieder umgedreht, so dass am Ende der ganze Vers sichtbar wird. Der Vers wird nach dem Umdrehen jeder Karte gemeinsam gesprochen. Möglich ist auch, die Karten nacheinander im Kreis herumzugeben, bis jedes Kind eine Karte hat. Dabei wird das Wort auf der jeweils gerade umlaufenden Karte stets von allen Kindern wiederholt. Zum Schluss wird der Vers gemeinsam gesprochen.

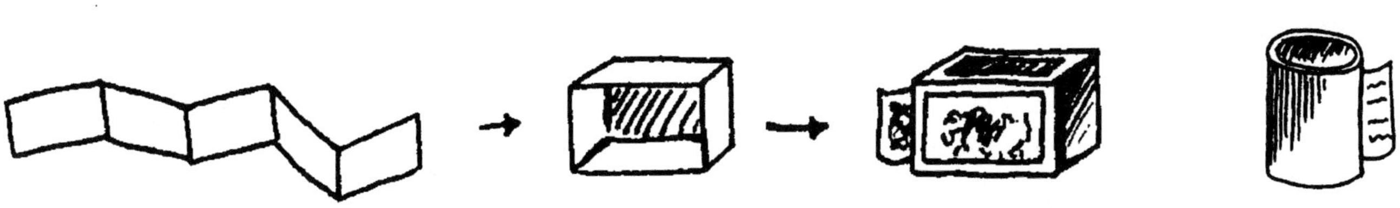

- Memorieren unterwegs: Der Vers wird auf einen Papierstreifen (Breite 2,5 cm) geschrieben und im Zickzack gefaltet. Das Ende des Verses (evtl. Bibelstelle) wird in den Boden einer Streichholzschachtel geklebt. Die Schachtel kann außen mit einem passenden Bild verziert werden. Stück für Stück wird nun der Vers herausgezogen und gelernt.
  Eine längs aufgeschnittene Filmdose, in der sich ein aufgerollter, 3 cm breiter und mit einem Lernvers beschrifteter Streifen befindet, eignet sich ebenfalls für die Hosentasche. Der Streifen muss vom Ende des Verses her aufgerollt werden.
- Den Lernvers auf ein Tonpapierkärtchen schreiben, dieses verzieren und als Lesezeichen verwenden.

Zur Heftgestaltung

Dem Schülerheft kommt im Religionsunterricht besondere Bedeutung zu. Meistens wird es von den Kindern mit großer Sorgfalt und sehr persönlich gestaltet, verwenden sie doch häufig viel Zeit darauf, es zu verzieren. Viele Schülerinnen und Schüler bewahren „ihr“ Heft auch über die Schulzeit hinaus auf, sind damit doch sehr persönliche Erinnerungen verknüpft. Um dieser besonderen Bedeutung Rechnung zu tragen, wurden annähernd für jede Schulbuchseite Anregungen zur Heftgestaltung vorgeschlagen. Uns ist es dabei wichtig, Ideen zur Ausführung in großer gestalterischer Vielfalt anzubieten, damit das Heft tatsächlich zu einem erinnerungswerten Eigentum werden kann. Das Heft sollte DIN-A 4-Format haben und unbedruckte Seiten aufweisen. Für viele Arbeitsaufträge werden ein Klebestift und eine Schere benötigt.

Mit Kindern Psalmen gestalten

In den Psalmen werden elementare menschliche Situationen zum Ausdruck gebracht: Angst vor Krankheit, vor Verfolgung und Feinden, ja vor dem Tod. In Klagen und Anklagen, auch gegen Gott, sprechen Psalmbeter ihren Kummer aus. Aber auch Freude über überwundenes Unheil, über Rettung, Freude an der Natur und Schöpfung finden ihren Niederschlag in überschwänglichem Lob, in Jubel und Tanz. Die Bilder der Psalmen sind kräftig, sie bieten sich zur Deutung an, auch und gerade Kinder können sie sich erarbeiten.
Psalmen wollen nicht nur gesprochen, sie wollen auch gestaltet werden. Die Bilder sind auf vielfältige Weise zu erschließen; z. B. der Psalm zu Erntedank (Schülerbuch Seite 72)
Eine andere Gestaltungsmöglichkeit bietet sich an, indem ein Vers als Leitvers immer wieder gesprochen wird. So können Kinder mitsprechen, lernen den Psalm kennen und lieben. Auch eine Liedstrophe kann als Leit- bzw. Kehrvers hinzugefügt werden.
Bewusst wurden Psalmen, Psalmworte und andere biblische Zitate in der Sprache Martin Luthers abgedruckt. Diese Sprache birgt einen gut sprech- und memorierbaren Rhythmus in sich. Dem Rhythmus zumindest bei Leitversen vorher nachzuspüren, erleichtert Lehrenden wie Kindern das gemeinsame Sprechen und Sprachgestalten.
So sind der Fantasie im Umgang mit Psalmen keine Grenzen gesetzt. Diese zeigen schon in der Bibel, wie unmittelbar Menschen Not und Freude vor Gott bringen; sie zeigen aber auch, dass Klagen vor Bitten und Jubeln vor Danken kommt. Wer dem Jubel und der Freude keinen Raum gibt, wird auch nicht zum fröhlichen Danke kommen. Und wer nicht mehr klagen darf, verstummt bald ganz.
Die Psalmen lehren uns, mit allem – unfertig wie wir sind – vor Gott zu kommen, es ihm zu sagen, gelegentlich auch herauszuschreien und darauf zu vertrauen: Gott hört uns!

Singen und Tanzen im Religionsunterricht

Singen ist mehr als eine Methode, den Religionsunterricht abwechslungsreich zu gestalten. Wer singt, dient Gott, der uns eine Stimme verliehen hat, ihn zu loben; wer singt, dient sich selbst, weil Singen die Seele bewegt. So ist Singen auch Gottesdienst.
Das Singen im Unterricht fördert Gemeinschaft. Singen trägt zur Konzentration bei und es macht Kindern im Allgemeinen großen Spaß.
Singen im Religionsunterricht ist mehr als nur Bewegen der Stimmbänder. Die Inhalte der Lieder sollen deshalb im Unterricht vertieft werden.
Der Einsatz von Liedern im Religionsunterricht kann unterschiedliche Funktionen haben:

- Lieder zu Beginn/Ende der Stunde/in verschiedenen Unterrichtsphasen
- Lieder zu besonderen Anlässen: Festtage, Kirchenjahr, Geburtstag
- Lieder zur Auflockerung
- Lieder als Sammlung (Ritual)
- Lieder begleiten Unterrichtseinheiten
- Lied als Unterrichtsgegenstand (Entstehung, Inhalt …)

Ideen zum Einüben von Liedern

Für das Auswendiglernen von Liedtexten können die Methoden des Memorierens (vgl. oben) größtenteils übernommen werden. Darüber hinaus kann ein Lied über seine Entstehungs- oder Rahmengeschichte erschlossen werden. Auch das Leben des Liederdichters bietet häufig einen interessanten Zugang zum Lied. So geben zum Beispiel die Lieder Martin Luthers „Nun freut euch, liebe Christen g'mein“ und „Vom Himmel hoch“ (Weihnachtslied, geschrieben für seine Kinder) enge Bezugspunkte zu seinem Lebenslauf.
In den Liedern kann der Text mit der Melodieführung verglichen werden (Beispiel: „Macht hoch die Tür“: Beim Wort „hoch“ strebt die Melodie nach oben.)

Das Erlernen der Melodie geschieht durch *nicht allzu tiefes (!)* Vorsingen der Lehrkraft bzw. mit Hilfe eines Tonträgers. Dabei kann die Tonhöhe mit der Hand angedeutet werden. Die Kinder ahmen diese Bewegung nach. Der Rhythmus kann mit Körperinstrumenten oder/und Orffschen Instrumenten eingeübt werden.
In Variationen gesungen (Veränderung der Dynamik, Wechsel Jungen/Mädchen; ...), wird das Lied häufig wiederholt und prägt sich ein. Ist das Lied bekannt, kann es verändert werden, indem beispielsweise neue Strophen gedichtet werden.

Tanz

Der Tanz ist ein Mittel, das Singen ganzheitlich zu erleben. Bewegung tut Not – der Forderung nach mehr Bewegung im Unterricht kann mit dem Tanz sinnvoll Rechnung getragen werden. Bewegungslieder deuten die Aussagen der Gesänge und setzen sie in Gesten um.
Der Tanz besteht aus fünf Grundelementen, die ihn ganzheitlich erlebbar machen:
1. *Raum:* Die meisten Gruppentänze sind Kreistänze, zentrieren sich also um eine Mitte. Die Raumwege sind symmetrisch. Wo wenig Platz zum Tanzen ist, kann eine Klasse in zwei Gruppen geteilt werden: eine Hälfte singt, die andere tanzt.
2. *Körper/Bewegung:* Der Körper wird wahrgenommen, Bewegungen werden gezielt eingesetzt. Das Koordinationsvermögen wird geschult. Für die Tanzpraxis bietet eine (jahreszeitlich oder thematisch passend) gestaltete Kreismitte eine gute Orientierungshilfe für die Bewegungen und Raumwege.
3. *Zeit:* Tanzen erfolgt im Rhythmus der Musik bzw. von Worten.
4. *Sozialbezug:* Tanzen schafft Gemeinschaft. Im Kreistanz wird diese wichtige Komponente des Religionsunterrichts vertieft.
5. *Vorstellungsvermögen:* Tänze sind für Mädchen und Jungen dann besonders sinnvoll und leicht erlernbar, wenn sie die Texte ausdeuten und anschaulich sind. Wie man beim Sprechen gestikulieren und damit den Sinn ihrer Worte unterstreichen kann, so kann der Tanz eine Möglichkeit sein, (biblische) Worte und Lieder zu memorieren.

Begrüßenswert und in jedem Fall ganzheitlich ist es, die Lieder auswendig zu singen und dazu die Tänze zu erlernen.

Zum Sehen anleiten – zum Gestalten anregen

Menschen denken, reden und träumen in Bildern. Erinnerungen sind Bilder, in Bildern äußern wir uns. Die Bilder im Buch sind teilweise der Lebenswelt der Kinder entnommen und führen diese behutsam zu einem Verständnis biblischer und christlicher Inhalte. Deshalb wollen sie interpretiert sein. Einige Bilder im Buch gehören zu den Impulsbildern, sie ermöglichen Assoziationen, eröffnen Fragen, provozieren oder machen Probleme bewusst (z.B. das Bild auf der Weihnachtsseite, Seite19).
Andere Darstellungen fallen unter die Rubrik „Bilder zum Deuten“, weil sie (biblische) Wahrheiten vermitteln wollen.
Bildbetrachtung soll zum Sehen anleiten. Der Sinn eines Bildes soll erfasst und es soll darüber gesprochen werden. Die Kinder können sich mit den Personen identifizieren. Ziel ist es, dass sie im Gedächtnis der Kinder zu persönlichen Bildern der Erinnerung werden und neue Bilder auslösen. Neben einer Bildbetrachtung sind deshalb kreative Umgangsweisen mit den Bildern wünschenswert. Hierzu sollen einige Anregungen gegeben werden.
Bildbetrachtung braucht Zeit. Unverzichtbar ist außerdem das Schaffen entsprechender Voraussetzungen. Dazu gehört zunächst die eigene Beschäftigung der Lehrkraft mit dem Bild. Ein eingeübtes Ritual im Klassenverband kann helfen, die notwendige Stille im Klassenzimmer einkehren zu lassen.
Nach dem stillen Betrachten äußern die Kinder, was sie auf dem Bild wahrnehmen (Beschreibung). Eng geführte Fragen sollten vermieden werden!
Danach wird das Bild gedeutet. Begründungen für Farbwahl, Szenenausschnitt, Einsatz von Symbolen usw. werden mit den Kindern gesucht und mit Bekanntem in Beziehung gesetzt.
Nach der Deutungsphase wird das Bild mit der Lebenswelt der Kinder verknüpft. Sie können sich fragen, was das Bild mit ihnen zu tun hat, wo sie schon ähnliche Situationen erlebt haben und können sich so mit den abgebildeten Menschen identifizieren. Ansprechendes und Anstößiges, Gefühle und Gedanken zum Bild können in dieser Phase ebenfalls geäußert werden.
Die Transformation der Bildaussage in die Gegenwart ist im Buch durch die Darstellung auch aktueller Situationen gegeben. Für biblische Szenen kann überlegt werden, welche Bedeutung das Bild heute im Leben der Kinder hat und ob Lebenserfahrungen heutiger Menschen darin zur Sprache kommen.
Über die Bildbetrachtung hinaus reicht der kreative Umgang mit den Bildern, der das Betrachten vertieft. Einige Möglichkeiten seien hier genannt.

- *Szenische Darstellung:* Die abgebildete Szene wird im Rollenspiel dargestellt.
- *Standbild:* Die Kinder stellen die dargestellte Szene nach und verharren eine kurze Zeit in der eingenommenen Haltung. Anschließend wird über Gefühle und Empfindungen gesprochen.
- *Bild-Text-Vergleich:* Da manche Bilder die abgedruckten Texte ausdeuten und sie in die Gegenwart oder den Alltag der Kinder übertragen, bietet sich ein Gespräch über Unterschiede und Übereinstimmungen von Bild und Text an. (z.B. auf der Seite zur Weihnachtsgeschichte, Seite 19).
- *Collage:* Ein Bildausschnitt aus dem Buch wird kopiert. Die Schülerinnen und Schüler gestalten durch Malen oder Kleben eine neue Umgebung.

- *Folgebild gestalten:* Zu dargestellten Szenen wird das Folgebild gemalt.
- *Kimspiel mit Bildern:* Ein Bild wird betrachtet, dann abgedeckt und die Kinder erzählen, was sie wahrgenommen haben. Anschließend kann das Erinnerte gemalt werden. Eigene Erlebnisse können in das gemalte Bild einfließen.
- *Plastik herstellen:* Aus Knet werden Figuren geformt, die Haltungen von abgebildeten Personen einnehmen.

Das Buch und der Bildungsplan Grundschule in Baden-Württemberg

In der nachfolgenden Tabelle wird versucht, den Bildungsstandards und Kompetenzen jeweils Inhalte und Lernangebote des Buches zuzuordnen:
In Klasse 1/2 werden als Schwerpunkte genannt:
- *Vertrauen suchen* (zu Lehrerinnen und Lehrern, zu sich selbst, zueinander, zu Jesus Christus, zu Gott)
- *Sicherheit empfinden* (ich bin angenommen, kann andere annehmen)
- *die Welt und Inhalte des christlichen Glaubens besser kennen lernen.*

Standard	Buchinhalt	Kapitel/Seite
Dimension: Mensch Der Religionsunterricht leitet Kinder an, ihr Leben und Erleben für religiöse Erfahrungen zu öffnen. Er ermöglicht ihnen, ihre Befindlichkeiten auszudrücken, sich in andere Geschöpfe einzufühlen und angemessen mit ihnen umzugehen. Er fördert die Entdeckung und Entwicklung eigener Gaben. Die Kinder ...		
• nehmen wahr, dass Freude und Leid, Angst und Geborgenheit zum menschlichen Leben gehören	Erfahrungen bei Josef Auf der Flucht Erfahrungen des gelähmten Mannes Mit Jona lernen	3/ 54–65 2/ 21 2/ 29 1/ 12–13
• kennen die Glaubensaussage, dass sie und alle Menschen – so wie sie sind – von Gott geliebt werden	Mein Name ist in Gottes Hand geschrieben Kinder dieser Welt Mit Jona lernen	1/ 3 1/ 6–7 1/ 12–13
• kennen das Schöpfungslob der Bibel	Mein Dankgebet	1/ 14–15
• kennen geistliche Lieder und Gebete und ganzheitliche Ausdrucksformen des Gotteslobs	Mein Dankgebet Liturgieseiten	1/ 14–15 2/ 34–35 3/ 52–53 4/ 78–79
Dimension: Welt und Verantwortung Der Religionsunterricht hilft Kindern, ihre Erlebnisse in Familie, Schule und Freizeit mit Gott in Verbindung zu bringen. Sie lernen dabei, sich selbst und andere anzunehmen. Die Kinder ...		
• kennen biblische Erzählungen, in denen Menschen miteinander und mit Gott Erfahrungen machen	Familiengeschichten Jesus – Gott kommt zu uns	3 2
• wissen, wie Mut, Vertrauen, Hoffnung und Nächstenliebe das Handeln von Menschen verändern kann	Josef Gott braucht dich Jesus sucht Menschen Menschen vertrauen Jesus	3/ 54–65 2/ 16–17 2/ 22–23 2/ 28–29
• kennen Regeln, friedlich miteinander umzugehen	Abraham und Lot Jakob und Esau Josef	3/ 38–39 3/ 46–51 3/ 64–65

Standard	Buchinhalt	Kapitel/Seite
Dimension: Bibel Der Religionsunterricht macht Kinder mit biblischen Geschichten und Grundaussagen bekannt und will so ihr Interesse für die Bibel wecken. Die Kinder …		
• wissen, dass in der Bibel Geschichten von Gott und Jesus Christus stehen	Wir feiern Gottesdienst	4/ 68–69
• kennen Familiengeschichten des Alten Testamentes, eine Weihnachts- und eine Ostergeschichte sowie Psalm 23 und das Vaterunser	Familiengeschichten Der Weg nach Bethlehem Hirten in der Nacht Jesus der Christus lebt Jesus erzählt von Gott Wir beten	3 2/ 18–19 2/ 20 2/ 30–31 2/ 24–25 2/ 34–35
• entdecken in biblischen Geschichten Zusammenhänge mit eigenen Erfahrungen	durchgängig: ein Impuls zur Parallelität von biblischen und kindlichen Erfahrungen	
• kennen biblische Bilderbücher und Kinderbibeln	nicht im Buch dargestellt, aber durch Lehrkraft zu initiieren	
Dimension: Gott Im Religionsunterricht denken Kinder über ihr eigenes Erleben nach und lernen, dabei auch von Gott zu reden. Die Kinder werden zu einer vertrauensvollen Gottesbeziehung ermutigt und auf diesem Weg begleitet. Die Kinder …		
• drücken eigene Vorstellungen von Gott aus	Gottes Liebe hat viele Namen Kinder dieser Welt – Unter Gottes Regenbogen	1/ 10–11 1/ 6–7
• entdecken, wie Menschen in Texten des Alten Testaments von Gott erzählen	Mit Jona lernen Josef, Abraham, Jakob	1/ 12–13 3/
• kennen Beispiele, wie Jesus Christus von der Liebe Gottes spricht	Jesus erzählt von Gott Gottes Liebe hat viele Namen	2/ 24–25 1/ 10–11
• werden aufmerksam für Fragen nach Gottes Wirken in der Schöpfung	Mein Dankgebet Unter Gottes Regenbogen	1/ 14–15 1/ 7
Dimension: Jesus Christus Im Religionsunterricht erfahren Kinder, dass Jesus Christus sich ihnen und anderen Menschen zuwendet. Sie werden ermutigt, Jesus Christus zu vertrauen. Die Kinder …		
• kennen die Geburtsgeschichte Jesu Christi, ein Gleichnis, Geschichten von Heilungen und anderen Begegnungen mit Menschen sowie seiner Auferweckung durch Gott	Der Weg nach Bethlehem Hirten in der Nacht Jesus erzählt von Gott Menschen vertrauen Jesus Jesus der Christus lebt	2/ 18–19 2/ 20 2/ 24 2/ 28–29 2/ 30–31
• wissen, dass Jesus Christus sich für Kinder einsetzt	Jesus segnet die Kinder	2/ 26

Standard	Buchinhalt	Kapitel/Seite
• können ihre Vorstellungen von Jesus Christus ausdrücken	Gottes Liebe hat viele Namen	2. 10–11
• wissen, dass Menschen Jesus Christus nachfolgen	Jesus sucht Menschen Unsere Kirche	2. 22–23 4. 66–67

Dimension: Kirche und Kirchen
Der Religionsunterricht hat die Kirchengemeinde vor Ort mit ihren Angeboten für Kinder im Blick und regt zur Zusammenarbeit von Schule und Gemeinde an.

Die Kinder ...

• kennen Ausdrucksformen des christlichen Glaubens und die großen Feste Weihnachten, Ostern, Pfingsten und Erntedank im Kirchenjahr	Unsere Kirche Advent und Weihnachten Ostern Wir feiern Pfingsten Unter Gottes Regenbogen	4. 66–67 4. 74–75 4. 76–77 4. 78–79 1. 7
• können an Feiern und Ritualen mit Verständnis teilnehmen und sich beim gemeinsamen Singen, Beten, Meditieren angemessen verhalten	Liturgieseiten Wir feiern Gottesdienst	1. 14–15 2. 34–35 3. 52–53 4. 78–79 4. 68–69
• kennen die Kirche, in der sich die evangelische Gemeinde zu Gottesdiensten trifft	Unsere Kirche	4. 66–67
• wissen, wie Taufe in Gottesdiensten gefeiert wird	Taufe	4. 70–71
• kennen Angebote für Kinder in ihrer Gemeinde	Unsere Kirche	4. 66–67

Dimension: Religionen
Der Religionsunterricht wirkt darauf hin, dass Kinder Menschen, die einer anderen Religion angehören, mit Achtung begegnen.

Die Kinder ...

• wissen, dass Menschen verschiedenen Religionen und Konfessionen angehören	Andere glauben anders	1. 8–9
• wissen, dass manche Menschen auch keiner Religion zugehören	Andere glauben anders	1. 8–9
• wissen, dass Menschen verschieden, aber gleichwertig sind	Kinder dieser Welt – Unter Gottes Regenbogen	1. 6–7

Kapitel 1: Ich bin ein Geschöpf Gottes

In seiner Auslegung des 1. Glaubensartikels: „Ich glaube an Gott, den Vater, den Allmächtigen, den Schöpfer des Himmels und der Erde“ formuliert Martin Luther folgendermaßen: Ich glaube, dass *mich* Gott geschaffen hat, samt aller Kreatur ... Damit weist er den Beter darauf hin, dass er selbst von Anfang an Teil der Schöpfung ist.

Mit Kindern Schöpfungsglaube lebendig werden lassen, heißt deshalb zuerst: das Kind ernst nehmen, nicht gleich auf die anderen verweisen.
Wenn wir von Gott als Vater reden, sind dies für Kinder erfahrbare und erweiterbare Bilder, Annäherungsversuche an Gott in Bildern, die für sie manchmal sehr ambivalent sind. Deshalb müssen sie mit Erzählungen von guten Vätern ergänzt oder gefüllt werden.
Gott als Allmächtiger wirkt in der Geschichte, auch im Leben des Kindes: Hier wird behutsam das Element des zaubernden Alleskönners korrigiert werden müssen.
Der Glaube an den Schöpfer Himmels und der Erde ist der Ausgangspunkt dieses Buches:
Ich bin von Gott – und alle/s andere/n auch:

- ich
- meine Familie
- meine Freunde
- Kinder dieser Welt (Noah – Geschichte als Rettungstat Gottes, die Menschen werden vor selbst verursachtem Untergang gewarnt und Noah sowie die gute Schöpfung gerettet)
- über unseren Glauben hinaus andere (Juden, Muslime, ja auch die, die Gott nicht kennen ...).
- Weil wir geliebt sind, öffnen wir auch unsere Augen für die, die davon weniger spüren (altersgemäß); zunächst werden die Kinder für Situationen wach, die zeigen: die Welt ist nicht in Ordnung, wir werden gebraucht, aus der Kraft Gottes, als Geschöpfe Gottes an ihrer Verbesserung zu arbeiten.
- Ein Beispiel dafür ist Jona, er erhält einen Auftrag, Kraft von Gott und erfährt: Gott liebt nicht nur mich und meinesgleichen.

Im Dankgebet wird deutlich: Mein kleiner Beitrag kann mit Gottes Kraft Großes bewirken, wie die wenigen Brote und Fische des Knaben.

Mein Name ist in Gottes Hand geschrieben (Seite 3)

Kinder erleben heute häufig Verlassenheit, Trennung der Eltern, Ängste. Deshalb soll im Religionsunterricht deutlich werden, dass es jemanden gibt, der sie mit Namen kennt, der zu ihnen hält, der sie lieb hat, egal in welcher Lebenslage sie sich befinden.
In ein Herz aus rotem Tonpapier können die Kinder ein Bild von sich malen und dies einer Person ihres Vertrauens schenken. Das Bild gibt Anlass, mit den Kindern darüber zu sprechen, auf wen sie sich verlassen können, wem sie etwas anvertrauen würden, auch, wen sie lieb haben.
Um das Sozialverhalten innerhalb der Religionsgruppe zu stärken, überlegen die Kinder im Sitzkreis, welchem Kind sie etwas Gutes tun wollen. Das entsprechende Kind bekommt einen Herzaufkleber mit seinem Namen geschenkt. In der folgenden Stunde kann es dann davon erzählen.
Der Bibelvers wird mit Bewegungen gelernt, die mit den Kindern auch gemeinsam entwickelt werden können.

Gott spricht:
Fürchte dich nicht,
ich habe dich erlöst,
ich habe dich bei deinem Namen gerufen:
Du bist mein.
Ich habe dich lieb.

Bildungsstandard GS 2:
Die Kinder kennen die Glaubensaussage, dass sie und alle Menschen – so wie sie sind – von Gott geliebt werden.

Meine Familie – meine Verwandten – Meine Freunde (Seite 4/5)

Die Eltern sind für das Grundschulkind meist die wichtigsten Bezugspersonen, auch Geschwister, Großeltern und Freunde gehören dazu. Oft leben sie allerdings auch in so genannten Ein-Eltern- oder Patchwork-Familien. Dies gilt es bei Gesprächen zu beachten.
Fächerverbindend zum Fächerverbund MeNuK malen die Kinder einen Stammbaum mit ihrer Familie und sprechen über Verwandtschaftsbeziehungen. Über den Stammbaum wird aus blauem Papier ein Himmel geklebt, dazu einige Sterne. Es soll deutlich werden: Es gibt einen Raum, damit verbunden jemand, der über unsere Vorstellungen und Gegenwart hinausreicht. Ein Gespräch über Gott kann sich anschließen.

Zur Heftgestaltung

Eine linke Heftseite wird blau eingefärbt und gelbe Sterne werden aufgemalt. In die rechte Blatthälfte wird die erste Strophe des Liedes „Meinem Gott gehört die Welt" (Seite 4) eingeklebt. Die nächste Doppelseite wird als Erdkugel gestaltet, daher schneiden die Kinder einen Kreis aus ohne die Heftklammern in der Mitte zu lösen. Dann malen sie ihren Familienstammbaum auf die Innenseiten. Auf die Außenseiten werden jeweils Dinge aus der Schöpfung gemalt. Möglich wäre, auf die rechte Außenseite die Kinder sich selbst malen zu lassen. Es wäre eine Illustration des Liedverses auf der nun folgenden rechten Heftseite. Sie wird ebenfalls wieder blau eingefärbt und mit gelben Sternen verziert. Diese können auch größer gestaltet werden, so dass darauf die Namen von Freunden der Kinder Platz haben. Auf die linke Blatthälfte wird nun die zweite Strophe des Liedes geschrieben oder geklebt. Alternativ zum Bemalen der Außenseiten der Erdkugel kann diese von der unteren Heftklammer gelöst und nach oben geklappt werden. Auf den entstandenen Halbkreis malen die Kinder dann einen Regenbogen und darunter von Gott Geschaffenes.

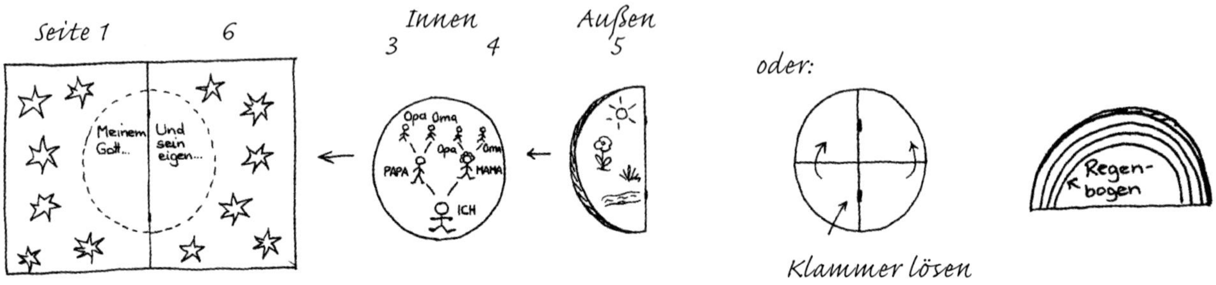

Im Unterricht wird darüber gesprochen, wozu Freunde wichtig sind und wie man sie gewinnen kann. Zu den Bildern können die Kinder erzählen, was sie mit ihren Freunden unternehmen.
Fächerverbindend kann im Deutschunterricht das Gedicht „Wann Freunde wichtig sind" von Georg Bydlinski behandelt werden.

Freunde sind wichtig zum Sandburgenbauen,
Freunde sind wichtig, wenn andre dich hauen,
Freunde sind wichtig zum Schneckenhaussuchen,
Freunde sind wichtig zum Essen von Kuchen.
Vormittags, abends, im Freien, im Zimmer...
Wann Freunde wichtig sind?
Eigentlich immer.

Georg Bydlinski © aus: Wasserhahn und Wasserhenne, 2002, Dachs Verlag Wien

Die Kinder umfahren ihre Hand auf Tonpapier und schneiden sie aus. Außer ihrem Namen können sie noch einen guten Wunsch für ein Kind aus der Klasse, dem sie die Hand dann schenken wollen, aufschreiben oder -malen.
Danach wird das Lied: „Wenn einer sagt, ich mag dich, du" (EG 655 BEL) eingeführt. Die vierte Strophe weist darauf hin, dass es einen Freund gibt, der größer und stärker ist als alle menschlichen Freunde.

Weitere Lieder/Texte/Anregungen:
Lied: Ich sing euch kein Lied von großen Leuten, dazu den Refrain: Jesus liebt Kinder
Das Lied ist zu finden in Jürgen Werth: Meine Lieder – deine Lieder, Hänssler, Neuhausen

Bildungsstandard GS 2:
Die Kinder werden aufmerksam für Fragen nach Gottes Wirken in der Schöpfung.
Die Kinder kennen die Glaubensaussage, dass sie und alle Menschen – so wie sie sind – von Gott geliebt werden.

Kinder dieser Welt – Unter Gottes Regenbogen (Seite 6/7)

Die Kinder erleben bereits im Kindergarten, dass es auch Kinder anderer Nationalitäten, mit anderer Sprache, Hautfarbe und Kultur gibt. Die Schülerbuchseite soll die Kinder neugierig machen auf die Herkunft ihrer ausländischen Mitschüler. Wenn diese nicht am Religionsunterricht teilnehmen, können sie vielleicht eingeladen werden und aus ihrem Kulturkreis erzählen. Auch Schülerinnen und Schüler, deren Eltern oder Großeltern aus einem anderen Land stammen, können davon berichten. Daran anknüpfend eignet sich die Schülerbuchseite dazu, weitere Nationalitäten in den Blick zu nehmen. Die Schülerinnen und Schüler können vermuten, woher die abgebildeten Kinder kommen könnten und von ihrem Wissen über den betreffenden Erdteil oder ein Land erzählen. Die Lehrkraft kann dazu anregen, Flaggen einiger Länder zu malen, auszuschneiden und diese den abgebildeten Kindern zuzuordnen.
Das Lied „Schwarze, Weiße, Rote, Gelbe“ (in: Liederbuch für die Jugend, Quell-Verlag, Stuttgart Seite 606) wird begleitend dazu gesungen.
Die Geschichte von Noah wird erzählt und als Abschluss der Lernvers gemeinsam gelesen und auswendig gelernt. Um dies zu vereinfachen, kann er optisch strukturiert werden, indem man einzelne Wörter durch Bilder ersetzt: z. B.

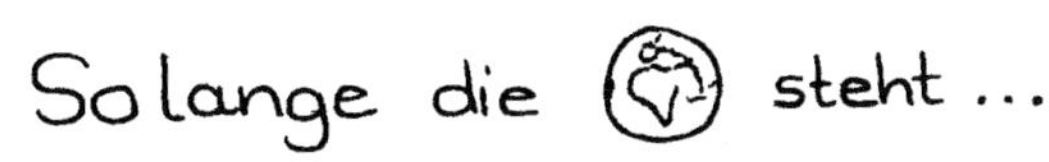

Für das Auswendiglernen dieses Verses eignet sich auch ein Spiel: Die Kinder stehen im Kreis (symbolisch für die Erde). Die Lehrkraft gibt dem ersten Kind ein Schälchen Weizenkörner. Dieses nimmt sich ein Korn und sagt das erste Wort des Bibelverses. Das zweite Kind tut dasselbe und nennt das zweite Wort usw. Das Ganze wird so lange wiederholt, bis das Schälchen leer ist. Die Körner werden verzehrt oder ausgesät (Verbindung zu MeNuK).

Zur Heftgestaltung

Fächerverbindend mit MeNuK können die Kinder ein Experiment machen: Ein Fließpapier oder Kaffeefilter wird als Halbkreis zurechtgeschnitten. Um den Mittelpunkt des Durchmessers malen die Kinder mit verschiedenen Farben kleine Halbkreise, die etwa ein Drittel des Papiers einnehmen. Dann bringen sie mit einer Pipette Wasser auf. Die Farben verlaufen bis zum Rand des Papiers. Auf diese Weise entsteht ein schöner Regenbogen. Dieser wird dann ins Heft geklebt und die Kinder malen dazu Noah, der Gott einen Altar baut und für seine Bewahrung dankt. Der Lernvers kann ebenfalls dazugeschrieben werden.
Alternative: Die Heftgestaltung zu den Seiten 4/5 weiterführen und unter den Regenbogen Noah mit Altar malen, dazu den Lernvers schreiben.

Weitere Lieder/Texte/Anregungen:
Lieder: Gott hält die ganze Welt (mit Bewegungen) vgl. Seite 9 im Schülerbuch
Ja, Gott hat alle Kinder lieb

Bildungsstandard GS 2:
Die Kinder wissen, dass Menschen verschieden, aber gleichwertig sind.
Die Kinder kennen die Glaubensaussage, dass sie und alle Menschen – so wie sie sind – von Gott geliebt werden.

Andere glauben anders (Seite 8/9)

Viele Erstklässler erleben in der Schule zum ersten Mal eine Trennung in Konfessionen, wenn sie am evangelischen oder katholischen Religionsunterricht teilnehmen und dieser nicht konfessionell-kooperativ erteilt wird. In der Schule begegnen ihnen aber auch Kinder, die keiner Konfession und solche, die einer anderen Religion angehören. Dies sollen die Kinder wahrnehmen und ihren Horizont erweitern, wobei es in den ersten beiden Schuljahren nur darum gehen kann, grobe Unterschiede zu benennen und Besonderheiten zu artikulieren. Dazu hilft das Schülerbuch mit der Abbildung von Symbolen und der Versammlungsräume der drei großen Weltreligionen (Christentum, Judentum, Islam). Diese werden benannt und Kenntnisse darüber ausgetauscht. Mit der Betrachtung der verschiedenen Türme werden die Versammlungsräume (Kirche/Gemeindezentrum, Synagoge, Moschee) erläutert und besprochen, wie sie von außen zu erkennen sind. Eventuell kann bereits auf die Bedeutung des Hahns auf dem Kirchturm bzw. des Halbmonds auf der Moschee hingewiesen werden. Dazu kann die Lehrkraft Glockengeläut bzw. einen Muezzinruf von einer Kassette einspielen. Wo möglich sollte auch die Synagoge bewusst in den Blick genommen werden, die oft unscheinbar nach außen, aber beeindruckend in ihrer inneren Gestaltung ist.
Die Abbildung der beiden Pfarrer lenkt das Gespräch auf die beiden großen Konfessionen innerhalb der Christenheit. Die Kinder erzählen, was sie über die beiden Konfessionen, ihre besonderen Traditionen (Feste) und Bräuche wissen.
Ein Besuch in beiden Kirchen ist zu überlegen, vergleiche dazu auch die Seiten zu „Unsere Kirche“ und „Wir feiern Gottesdienst“ (Seite 66 – 69).

Beim Lesen des Textes im Buch stoßen die Kinder auch auf ein Kind, das keiner Religion angehört oder dem noch nichts darüber erzählt wurde. Im Unterrichtsgespräch werden Vermutungen geäußert, wie so etwas sein kann, dass jemand noch nichts von Gott gehört hat. Das Ziel der gesamten Unterrichtseinheit sollte sein, den Kindern deutlich zu machen, dass alle Menschen von Gott geschaffen und deshalb letztlich seine Kinder sind. Das Lied „Gott hält die ganze Welt in seiner Hand“ nimmt diesen Gedanken auf. Es kann mit Bewegungen eingeübt und gesungen werden. Das Einsetzen der Schülernamen in die Liedstrophen unterstreicht noch einmal, dass Gott jeden persönlich meint und in seiner Hand hält.

Bildungsstandard GS 2:
Die Kinder wissen, dass Menschen verschieden, aber gleichwertig sind.
Die Kinder wissen, dass manche Menschen auch keiner Religion zugehören.

Gottes Liebe hat viele Namen (Seite 10/11)

Kinder haben eigene Vorstellungen von Gott, die eng mit ihren Erfahrungen zusammenhängen. Sie behutsam aufzunehmen ist eine wichtige Aufgabe im Religionsunterricht. So kann die Lehrkraft die Kinder dafür gewinnen, sich ernsthaft mit dem Reden von Gott auseinander zu setzen. Aussagen von Gott sind immer menschlicher Erfahrung und Sichtweise entnommen, sie unterliegen auch einem natürlichen Wandel. Wie eng Lebenswelt und Vorstellungen zusammenhängen, kann das Bilderbuch von Leo Lionni „Fisch ist Fisch“ veranschaulichen.
Die Hauptfiguren Fisch und Kaulquappe, später der Frosch können als Stabpuppen gestaltet werden. Eine dreiteilige Kulisse, die einen See darstellt, wird aus einem Stück Pappe angefertigt. Die Lehrkraft spielt nun den Dialog mit den Puppen vor, die von

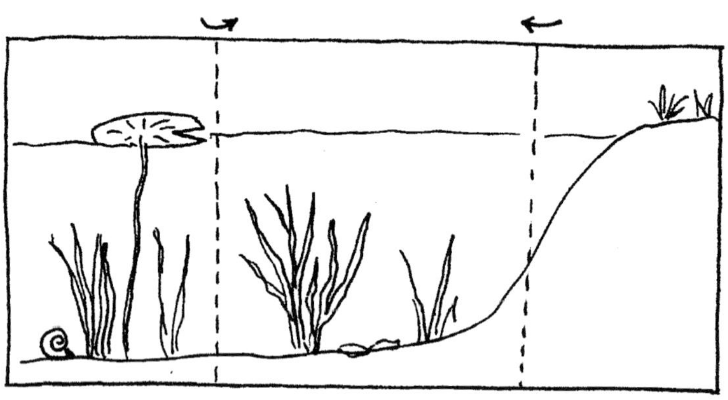

Kulisse
für das
Stabfigurenspiel
(vergrößern)

oben vor der Kulisse geführt werden, unterbricht die Erzählung an der Stelle, an der sich der Fisch die Welt außerhalb seines Sees vorstellt, um die Vorstellungen der Kinder einzuholen.
Sie zeigt anschließend die entsprechende Buchseite, auf der sämtliche Lebewesen fischähnliche Züge haben. Der Fisch kann sich die Welt außerhalb des Sees nur mit den Bildern vorstellen, die er kennt, und diese findet er eben nur in seiner begrenzten Lebenswelt. Ebenso können wir Menschen uns Gott nur mit den Bildern vorstellen, die wir kennen.

Fisch ist Fisch – ein Stabpuppenspiel

Dialog

Im Teich am Waldrand schwimmen ein kleiner Fisch und eine Kaulquappe zwischen den Wasserpflanzen.
Fisch: Hallo, wer bist du denn?
Kaulquappe: Ich bin eine Kaulquappe und bald werde ich ein Frosch sein.
Fisch: Aber du siehst doch fast genauso aus wie ich, also bist du doch auch ein Fisch.
Kaulquappe: *schweigt.* (Denkt laut: Wir werden ja sehen!)
Fisch: Lass uns doch Freunde sein.
Kaulquappe: Gerne.

Eines Morgens hat sich etwas verändert.
Die Vorderbeine der Kaulquappe werden mit einer Musterklammer beweglich am Körper befestigt und nun ausgeklappt.
Kaulquappe: Guck mal, Fisch, ich bin doch ein Frosch! Ich hab' über Nacht Beine bekommen!
Fisch: Quatsch. Wie kannst du ein Frosch sein, wenn du gestern Abend noch ein Fisch warst?
Kaulquappe: Tja, das ist nun mal so: Frosch ist Frosch und Fisch ist Fisch.

In den Wochen darauf wachsen der Kaulquappe auch vorn winzige Beine und ihr Schwanz wird kleiner. Und eines Tages:

Der Frosch sitzt auf einem Seerosenblatt.
Fisch: Das gibt's doch nicht! Aus dir ist tatsächlich ein richtiger Frosch geworden.
Frosch: Ja. Ich werde dich nun verlassen und mir die große weite Welt anschauen. Dann werde ich zurückkommen und dir davon erzählen.
Fisch: Das ist schön. Schau, aus mir ist inzwischen auch ein richtig großer Fisch geworden.
Frosch: Ja, das stimmt. Also tschüss!
Fisch: Tschüss!
Frosch ab.

Wochen vergehen, aber der Frosch kommt nicht zurück.
Fisch: Wo der Frosch wohl bleibt? Er wollte doch zurückkommen und mir erzählen. Ob ihm wohl etwas zugestoßen ist?

Der Frosch sitzt auf dem Seerosenblatt.
Frosch: Hallo.
Fisch: Hast du mich aber erschreckt! Wo bist du gewesen?
Frosch: Ich bin an Land gewesen. Überall bin ich herumgehüpft, und ich habe seltsame Sachen gesehen.
Fisch: Was denn?
Frosch: Vögel. Sie haben Flügel und zwei Beine und viele, viele Farben.

Der Fisch stellt sich Vögel vor.
Fisch: Was noch?
Frosch: Kühe. Sie haben vier Beine, Hörner, fressen Gras und tragen rosa Säcke voll Milch. Und Menschen. Männer, Frauen und Kinder!
Der Fisch stellt sich alles vor.

Hier wird die Geschichte unterbrochen und die Kinder beschreiben die Vorstellungen des Fisches. Dann wird gegebenenfalls das Bild im Buch von Leo Lionni gezeigt.

Frosch: Tschüss, ich werde nochmals rausgehen und mir weiter die Welt ansehen.
Fisch: Oh, ich könnte mir stundenlang diese herrlichen Bilder vorstellen. Wie schön muss es da draußen sein. Ich muss diese Tiere und Menschen sehen, komme, was da wolle.
Mit einem mächtigen Schlag seiner Schwanzflosse springt er aus dem Wasser.

Fisch: Hilfe! Hilfe! Ich kriege keine Luft mehr. Hilfe!
Der Frosch schubst ihn in den Teich. Der Fisch ist ganz benommen.

Der Frosch sitzt auf dem Seerosenblatt.
Fisch: Danke, du hast mich gerettet. Hier im Wasser ist doch die schönste Welt. Du hast Recht. Fisch ist Fisch.

Von Esther Richter nach einer Idee von Leo Lionni: Fisch ist Fisch, Middelhauve-Verlag, 1970

Anmerkung zur Herstellung der Figuren: Die Vorlagen können vergrößert, auf Folie kopiert und auch spiegelverkehrt auf Pappe übertragen werden. Zwischen beide Figurenteile wird dann der Stab geklebt. So ist die Figur wendbar.

Die Bibel spricht in Bildern von Gott. Anders ist er für Menschen nicht vorstellbar. Die im Schülerbuch vorgestellten Bilder entstammen der Bibel und können von den Kindern gemalt werden.

Biblische Bilder von Gott:

Ps 84,12	Denn Gott der HERR ist **Sonne** und Schild; der HERR gibt Gnade und Ehre. Er wird kein Gutes mangeln lassen den Frommen.
Jes 66,13	Ich will euch trösten, wie einen seine **Mutter** tröstet;
Ps 68,6	Ein **Vater** der Waisen und ein Helfer der Witwen ist Gott in seiner heilige Wohnung,
Mt 6,9	Darum sollt ihr so beten: Unser **Vater** im Himmel! vgl. auch das Gleichnis Lk 15 Von den verlorenen Söhnen und dem gütigen **Vater**
Ps 32,7	Du bist mein **Schirm**, du wirst mich vor Angst behüten, dass ich errettet gar fröhlich rühmen kann.
Ps 20,7	Nun weiß ich, dass der HERR seinem Gesalbten hilft und ihn erhört von seinem heiligen Himmel, seine rechte **Hand** hilft mit Macht. (vgl. auch Psalm 18,17;20,7:21,9 und öfter)
Ps 27,1	Der HERR ist mein **Licht** und mein Heil; vor wem sollte ich mich fürchten?

Jedem einzelnen dieser biblischen Bilder und Namen für Gott kann mit den Kindern auch über Erzählungen, Lieder und Bewegungen nachgespürt werden. Dabei ist nicht Vollständigkeit gefragt, sondern Intensität. Kinder können auch in Gruppen ihren Lieblingsnamen für Gott gestalten.

Zur Heftgestaltung

Das Wort „Gott“ wird in großen Buchstaben in die Mitte einer Seite geschrieben, dabei wird der Buchstabe „O“ besonders groß gezeichnet, gleichzeitig als Symbol für die Erdkugel und innerhalb dieses Buchstabens malen die Kinder verschiedene Bildsymbole für Gott (Sonne, Schirm, usw.). Damit wird zum Ausdruck gebracht: Unsere Vorstellungen von Gott sind begrenzt und bleiben innerhalb des Erdkreises. Gott schließt sie ein und dennoch ist er größer und reicht weit darüber hinaus.
Seit Gott in Jesus Christus Mensch geworden ist, erschließt sich die Begegnung mit Gott auch in der Begegnung mit den Mitmenschen. So kann mir in jedem Mitmenschen Gott begegnen. Jesu Aussage „Was ihr einem von diesen, meinen geringsten Brüdern getan habt, das habt ihr mir getan“ (Mt. 25,40) ist ein Schlüssel zum Verständnis der Menschwerdung Gottes und fordert Christen auch zu diakonischem Handeln auf. Dem andern Gutes tun, als sei er Jesus, das können auch Kinder begreifen.

Wie das geschehen kann, dazu regen die Bilder auf Seite 11 im Buch an, sich Gedanken zu machen. Das Lied „Brich mit dem Hungrigen dein Brot“ (EG 420) nimmt diese Beispiele auf und kann ergänzend dazu gesungen werden. Die Bilder eignen sich auch als Anstöße für Szenen eines Rollenspiels. Dazu werden die vier Bilder auf vier Gruppen verteilt, bei großen Gruppen kann auch noch das Bild auf Seite 10 im Schülerbuch verwendet werden. Die einzelnen Gruppen denken sich eine dazu passende Szene aus und überlegen, wie sie in der jeweiligen Situation helfen könnten.

Dass Menschen sich auf die Nähe Gottes verlassen können, das wiederum macht Jesus in der Ankündigung an seine Jünger deutlich: „Siehe, ich bin bei euch alle Tage bis an der Welt Ende.“ (Mt 28,20)

Zur Heftgestaltung

Ins Heft wird ein Kreis gemalt (= Jahreskreis), der in 12 Segmente entsprechend den 12 Monaten aufgeteilt wird. In jedes Segment schreiben oder kleben die Kinder je ein Wort von Matthäus 28,20 („Siehe ich bin bei euch alle Tage bis an der Welt Ende.“ Lutherübersetzung) und malen dazu eine Handlung, bei der Menschen einander Gutes tun. Möglich wäre auch die Gestaltung einer Drehscheibe (siehe Zeichnung):

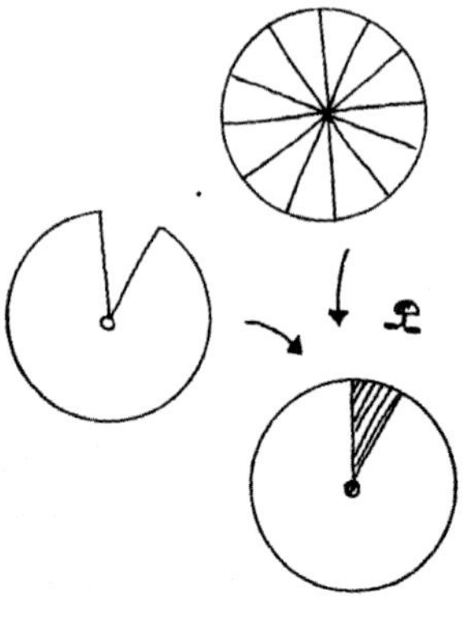

Beispiel:
Januar: gemeinsame Schlittenfahrt, *Februar:* Clown, der Menschen zum Lachen bringt, *März:* Blumenstrauß für Nachbarin, *April:* Ostereier im Garten, *Mai:* Mutter ein Geschenk überreichen, *Juni:* miteinander Ball spielen, *Juli:* Bettler am Straßenrand, *August:* Picknick im Grünen, *September:* Einkauf für Oma, *Oktober:* Erntegaben im Korb, *November:* Krankenbesuch, *Dezember:* Weihnachtsgeschenk.

Eine weitere Möglichkeit:
Der Jahreskreis kann auch auf Tonpapier gemalt, die Segmente ausgeschnitten und als Gutscheine verschenkt werden (ohne Bibelvers). So werden die Kinder monatlich an soziale Verhaltensweisen erinnert und dazu ermutigt.

Bildungsstandard GS 2:
Die Kinder drücken eigene Vorstellungen von Gott aus.
Die Kinder können ihre Vorstellungen von Jesus Christus ausdrücken.
Die Kinder wissen, dass Menschen Jesus Christus nachfolgen.

Mit Jona lernen (Seite 12/13)

Die Geschichte von Jona fasziniert Kinder im Grundschulalter, weil sie sich mit dieser Person so wunderbar identifizieren können. Kinder kennen die Angst vor anderen Menschen, davor, dass sie sich überfordert fühlen, den Wunsch wegzulaufen, das Gefühl für Gerechtigkeit, die Trotzhaltung. Dies alles können Kinder in diesem Alter sehr gut nachempfinden und haben es meist auch selbst schon erlebt. Für den Unterricht ist es ratsam, die gesamte Jonageschichte zu erzählen. Die Doppelseite im Schülerbuch dient nur als Anregung dazu. So kann der erste Abschnitt gemeinsam gelesen werden und die Kinder können Vermutungen anstellen, wozu Gott Jona brauchen könnte, bzw. was Jona in Ninive tun sollte. Was zwischen den beiden Abschnitten passiert, kann ebenfalls vermutet werden. Dazu können die Kinder zum Bild erzählen und von eigenen Versuchen, wegzulaufen, berichten.

Zur Heftgestaltung

Der Fisch aus dem Schülerbuch wird von der Lehrkraft vergrößert kopiert und von den Kindern koloriert. Dann schneiden sie aus Papier einen weißen Kreis aus und malen Jona hinein. Dieser wird dann auf den Fisch geklebt. Gemeinsam wird überlegt, was Jona im Fisch gebetet hat.
Alternative Idee: Mit schwarzer Farbe malen die Kinder auf eine rechte Heftseite, was Menschen Böses tun können, dabei werden sie an die Menschen in Ninive erinnert. Auf die nächste Heftseite malen sie mit hellen Farben, was Menschen tun, nachdem sie sich geändert haben. Mit dem Umblättern der Heftseite wird so symbolisch die „Wende" wie in Ninive nachvollzogen.

Weitere Lieder/Texte/Anregungen:
Lied: Gottes Liebe ist so wunderbar (mit Bewegungen) In: Ebert, Andreas: Das Kindergesangbuch, Claudiusverlag München, Nr. 146

Bildungsstandard GS 2:
Die Kinder nehmen wahr, dass Freude und Leid, Angst und Geborgenheit zum menschlichen Leben gehören.
Die Kinder entdecken, wie Menschen in Texten des Alten Testaments von Gott erzählen.

Mein Dankgebet (Seite 14/15)

Sich freuen können, dies zum Ausdruck bringen dürfen und dann die Freude teilen, ja mitteilen gerade denen, die die Freude mit verursacht haben, das alles gehört zum Danken. „Mein Dankgebet" ist die erste von 4 Liturgieseiten, die nicht nur zum Bearbeiten, sondern vor allem zum Innehalten und liturgischen Gestalten im Religionsunterricht anregen wollen.
Die Seiten enthalten dazu verschiedene Elemente, hier:

- Ein Gebet, das mit den Kindern durch Gespräch, Bild und andere Gestaltungen vertieft werden kann;
- Ein Lied, das gesungen und/oder getanzt werden kann.
- Zwei Symbole und einen kurzen Text zu Johannes 6 (Speisung der Fünftausend).

Die biblische Geschichte kann als Ermutigungsgeschichte erzählt werden.
Mit diesen Elementen lässt sich eine kleine Andacht, eine liturgische Feier um Erntedank gestalten.
Das im Schülerbuch abgedruckte Dankgebet kann im Unterricht eine Erweiterung erfahren. Die Schüler schreiben, malen oder kleben Bilder auf Plakate, wofür sie danken möchten, Menschen und dann auch Gott. Für ein gemeinsames Gebet etwa am Stundenbeginn wird das Plakat in die Mitte des Sitzkreises gelegt und einzelne Schüler formulieren Sätze zu einem Dankgebet.

Im Deutschunterricht kann ein weiteres Plakat mit einer Liste von Verben angefertigt werden, die die Kinder in das Lied „Dass ich singen kann…" einsetzen.

Die Geschichte von der Speisung der Fünftausend wird von der Lehrkraft als Beispiel für eine Dankgeschichte erzählt. Anschließend tragen die Schüler bekannte Tischgebete zusammen. Diese können (evtl. von der Lehrkraft) auf Tonpapierkärtchen in Form von Fischen und Broten geschrieben und in einer Schachtel gesammelt werden, die bei einem gemeinsamen Frühstück mit der Klasse zum Einsatz kommen.
Der abgedruckte Psalmvers (Psalm 106,1) kann auch als Kanon gesungen werden (EG 336).

Bildungsstandard GS 2:
Die Kinder kennen geistliche Lieder und Gebete und ganzheitliche Ausdrucksformen des Gotteslobs.
Die Kinder können an Feiern und Ritualen mit Verständnis teilnehmen und sich beim gemeinsamen Singen, Beten, Meditieren angemessen verhalten.

Kapitel 2: Jesus – Gott kommt zu uns

Die Erzählungen von Jesus dem Christus finden wir in der Bibel im Neuen Testament. Sowohl die Evangelisten Matthäus, Markus und Lukas wie auch der Evangelist Johannes erzählen davon. Bei Markus finden wir in der Regel die älteste Version, Matthäus und Lukas bauen auf Markus auf, bringen aber noch weiteres Material, das sie sowohl aus einer gemeinsamen als auch aus eigenen Quellen haben. Johannes wiederum setzt die Kenntnis des Lebens Jesu voraus. Er deutet merklicher als die drei anderen Evangelisten die Botschaft Jesu Christi, sein Leben, Sterben und Auferstehen in einem großen theologischen Entwurf.
Für alle neutestamentlichen Erzählungen von Jesus Christus gilt, dass sie aus der Erfahrung von Tod und Auferstehung Jesu Christi erzählt und aufgeschrieben sind. So atmen sie alle nicht nur die gute Nachricht (Evangelium) des von Gott geschickten Sohnes und seiner „vorbildhaften" und aufbauenden Taten, sondern immer auch die Hoffnung, die in der Überwindung der letzten Tiefe, des Todes, liegt.
In Jesus Christus begegnet den Menschen der Bibel wie uns heutigen Gott. Das sollen die Kinder anhand der Erzählungen dieses Kapitels miterleben; in diesen Geschichten können sie sich mit ihren Lebenssituationen wiederfinden. So in der Situation der Maria, die in der Begegnung mit dem Engel – und das kann jeder Mensch sein – Anspruch und Zusage Gottes erfährt, die erlebt, wie wichtig sie mit ihren Gaben und Möglichkeiten ist. Im Mitgehen mit Maria und Josef können die Kinder wach werden für Situationen in ihrer Lebenswelt, wenn Menschen an den Rand gedrängt werden, wenn kein Platz für sie ist, nicht selten ist es ja in bedrängten Wohnverhältnissen ihre eigene Situation. Hoffnung zeigt sich in der Geschichte weiterer an den Rand gedrängter Menschen wie der Hirten, die wie die unscheinbare Maria eine wichtige Rolle am Anfang des Lebensweges des Jesus von Nazareth spielen. Diese Geschichte ist mehr als ein historischer Bericht, sie ist Verkündigung der Botschaft: Gottes Liebe gilt allen, gerade auch denen, die von vielen schon abgeschrieben sind. Sie bekommen als Zeugen des Wirkens Gottes in dieser Welt neue Bedeutung.
Mit Jesus Christus auf dem Weg sein, sich von ihm ansprechen lassen, dies erleben die Kinder in Wort und Bild, wo Menschen wie Simon und Andreas, Jakobus und Johannes, aber auch Levi angesprochen werden. Und wieder sind es nicht die Prominenten, sondern einfache Leute. Und sie erleben Jesus als den, der keinen und keine verloren gibt, als den guten Hirten, als den Freund, der sich für sie einsetzt, als den, dessen Vertrauen in Gott trägt, auch wenn sie in den Wellen zu versinken drohen. Heil geht von ihm aus: Menschen, die blind scheinen, sehen, wer ihnen Heil bringt: Dein Glaube hat dich gerettet. Und wo der eigene Glaube nicht mehr trägt, sind es Freunde, die die Verbindung zu Gott und Jesus Christus wieder herstellen helfen, so beim Gelähmten. Wo Menschen Jesus Christus begegnen, verändert sich etwas in ihrem Leben, wird Dunkles heller. Und darin spiegelt sich die Lebensgeschichte Jesu, sein Leiden, Sterben und Auferstehen wider. Es bedeutet eben: Jesus der Christus lebt und damit Hoffnung für uns alle, immer wieder neu.
Diese Botschaft zu verstehen und dann nicht mehr davon schweigen zu können, das ist die mitreißende Erfahrung der Pfingstgeschichte. Verzagtheit und Angst wird von der Kraft des Heiligen Geistes verwandelt in überschäumende Freude. Lukas verwendet wie schon in der Weihnachtsgeschichte kräftige Bilder vom Feuer, das sich ausbreitet, von Zungen (Sprachen), die sich verstehen. Das sind auch Zitate aus alttestamentlichen Zusammenhängen: das Feuer des brennenden Dornbusches, das Feuer des Sinaiberges bedeuteten die Gegenwart Gottes, so auch hier das Feuer des Heiligen Geistes, die Zungen (Sprachen) nehmen die Verwirrung der Turmbaugeschichte Gen.11 wieder auf. Jetzt können sich Menschen wieder verstehen: Alles kann gut werden. Und so entsteht erste Gemeinde.

Gott braucht dich – Maria Lukas 1,26–38 (Seite 16/17)

Mit dem Thema „Engel" werden die Kinder – wie bei der Sequenz über Gottesbilder – ein weiteres Mal gedanklich über ihre Lebenswelt hinausgeführt. Engel sind Boten Gottes, die in unserer Welt handeln. Sie verbinden den Himmel mit der Erde. Wir sehen die Auswirkungen, sind aber oft nicht gleich in der Lage, Erfahrenes als das Handeln eines Engels zu identifizieren. Andererseits sprechen wir auch in der Alltagssprache von Engeln, nicht nur den gelben auf unseren Straßen.
Hier bietet es sich an, zunächst die Kinder von ihren Erfahrungen mit dem Wort „Engel" erzählen zu lassen. Gehen wir dabei

auch darauf ein, wie die Engel in ihren Erfahrungen ausgesehen haben, erhalten wir bereits ein buntes, differenziertes Bild, das uns hilft, eventuell vorhandene Fixierungen aufzulösen. Schließlich kann die Lehrkraft Bilder von diesen Engeln malen lassen (→ Heftgestaltung). Die Engel bekommen Namen und über das, was sie tun, wird gesprochen.

Eine biblische Engelgeschichte ist die Verkündigung der Geburt Jesu an Maria durch den Engel Gabriel. Im Unterrichtsgespräch wird überlegt, was Maria wohl gedacht hat, als der Engel ihr die Nachricht überbrachte. Dazu sollte die Lehrkraft zuvor die Person der Maria als einfache, bescheidene Frau beschreiben. Die Reaktion Marias auf die Nachricht des Engels lässt sich auch im Rollenspiel (mit und ohne Worte) darstellen. Dazu genügen einfache Requisiten, wobei der Engel nicht unbedingt ein weißes Gewand braucht. Wieder kann deutlich werden, dass Engel auch in menschlicher Gestalt im Alltag wirken können. Begleitend zu der Einheit kann das Lied „Wenn einer sagt, ich mag dich, du“ (EG 655, vor allem Strophe 4) gesungen werden; das betont, dass Gott eine Beziehung zu uns Menschen will. Maria und die Engel sind Boten und Ausführende für Gottes Handeln in und mit dieser Welt. Das wird durch den Text auf Seite 17 im Schülerbuch, der für das Rollenspiel verwendet werden kann, noch einmal deutlich.

Bildungsstandard GS 2:
Die Kinder wissen, wie Mut, Vertrauen, Hoffnung und Nächstenliebe das Handeln von Menschen verändern kann.

Der Weg nach Bethlehem Lk 2, 1–7 (Seite 18/19)

Das Bild zur Weihnachtsgeschichte zeigt einen Kontrast: Kinder entdecken beim Schlittenfahren eine Gestalt frierend, zusammengekrümmt unter einer Brücke liegend, daneben einen Rucksack und ein paar Flaschen, vermutlich Alkohol. Außer einer Bildbetrachtung ließe sich eine entsprechende Szene von den Kindern nachstellen und weiterspielen, wobei die Rolle des Obdachlosen sehr begehrt sein wird. Das hängt mit einem menschlichen Bedürfnis nach Beachtung zusammen. Die beiden Kinder überlegen, wie sie diesem Menschen begegnen, ob und wie sie ihm helfen können.
Manche Kirchengemeinden erinnern sich – leider nur zur Weihnachtszeit – an solche Obdachlose und schenken ihnen einen warmen Weihnachtsabend. Diakonie und andere soziale Einrichtungen bieten auch über das Jahr Ansprechstationen an.
Den Kindern soll bewusst werden, dass Obdachlose ebenso von Gott geliebte Menschen sind wie sie selbst, auch wenn es ihnen nicht gut geht, sie auf der Straße leben und manchmal abstoßend wirken. Vor diesem Hintergrund erscheint die oft so verklärte Weihnachtsgeschichte dann auch in einem anderen Licht.
Maria und Josef als „Obdachlose“ in Bethlehem, denen schließlich ein erbärmlicher Ort zugewiesen wird. Und dort kommt Jesus Christus zur Welt. Dies kann den Kindern in der dichten Sprache des Schülerbuches erzählt werden. Die Begriffe „Christus, Retter, Erlöser“ aus dem Lesetext im Schülerbuch lassen sich auch mit Hilfe des Fischsymbols der ersten Christen und dem griechischen Wort „ICHTHYS“ (Jesus, Christus, Gottes Sohn, Erlöser) erläutern. Dieses Symbol haben die Kinder sicher schon auf manchen Autos gesehen. Es kann ebenso den Wortbedeutungen nachgegangen werden (retten, lösen/befreien ...), darüber kann geredet und erzählt werden.

Zur Heftgestaltung

Ein DIN-A 4-Blatt wird quer in der Mitte gefaltet und als Geschenk gestaltet (Schleife aufmalen). Zum Aufklappen wird es ins Heft geklebt und auf die Innenseite werden Möglichkeiten gemalt, wie Kinder anderen helfen können, oder die Kinder malen hinein, was für sie zur Weihnachtsgeschichte gehört.
Dazu kann auch der Impuls des Schülerbuches aufgenommen werden.

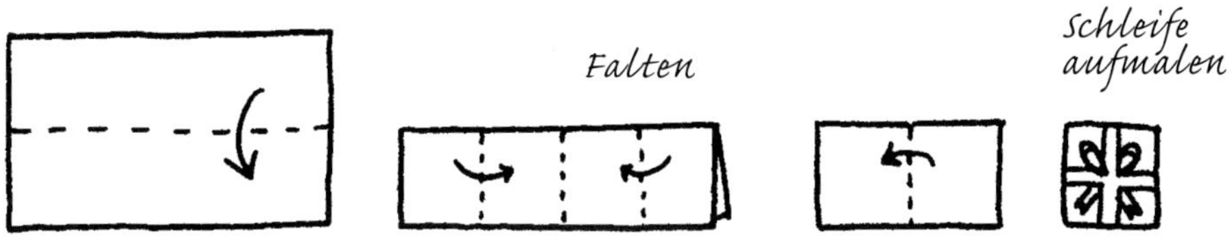

Bildungsstandard GS 1/2:
Die Kinder kennen die Geburtsgeschichte Jesu Christi.
Die Kinder kennen ... eine Weihnachtsgeschichte.

Hirten in der Nacht – Auf der Flucht nach Ägypten Lk 1, 8–17 und Mt 2, 13–14 (Seite 20/21)

In der *Weihnachtsgeschichte* lernen die Kinder unterschiedliche Menschen kennen. Die Hirten zählten zu den Verachteten in der Gesellschaft, Menschen, mit denen niemand etwas zu tun haben wollte.
Auch in Schulklassen finden sich immer wieder Kinder, die keinen Anschluss finden, abgelehnt werden, die sich als Außenseiter fühlen oder die sozial verarmt sind.
Diese Szene aus der Weihnachtsgeschichte lässt sich gut im Rollenspiel darstellen. Während bei herkömmlichen Krippenspielen meist die Hirtenrollen von Kindern besetzt werden, die eben noch übrig sind und für die man eine Beschäftigung sucht, stehen die Hirten hier im Vordergrund. Es wäre reizvoll, unterschiedliche Charaktere dieser rauen Männer herauszuarbeiten und von den Kindern spielen zu lassen. Da wäre zum Beispiel ein griesgrämiger Hirte, ein eher schweigsamer, ein trauriger, einer, der lieber die Fäuste sprechen lässt, und einer, der gerne diskutiert. Ziel wäre herauszustellen, dass für alle diese Menschen, ja für alle Menschen der Welt Jesus geboren wurde, sich später sogar zu diesen Hirten stellt, indem er sich selbst als den guten Hirten bezeichnet!
Eine weitere Möglichkeit der Darstellung ist, mit den Kindern Stabpuppen anzufertigen und die Szene damit zu spielen. Jedes Kind gestaltet dazu einen Hirten aus Pappe, der mit verschiedenen textilen Materialien beklebt wird. Es wird eine Vorder- und eine Rückseite benötigt, dazwischen kommt ein dünner Holzstab.

Zur Heftgestaltung

Das Bild auf Seite 20 wird kopiert und von den Kindern ins Heft geklebt. Dazu malen sie den Verkündigungsengel und schreiben seine Botschaft in eine Sprechblase, die auch von der Lehrkraft kopiert vorgegeben und aufgeklebt werden kann.
Die *Flucht nach Ägypten,* veranlasst durch die Mordabsichten des Herodes, empfinden Kinder in den ersten beiden Schuljahren als besonders grausam. Deshalb sollte darauf verzichtet werden, die Geschichte vom Kindermord auszumalen. Der Schwerpunkt sollte statt dessen auf die Motive des Königs Herodes gelegt werden: Angst vor dem Verlust seiner Macht. Die Angst vor einem Mitschüler, der stärker ist und der vielleicht bessere Leistungen erzielt als man selbst, kennen auch schon die Erstklässler. Insofern können sie sich ein Stück weit in die Lage des Herodes versetzen, der Angst vor einem Mächtigeren hatte.
Um das Sozialverhalten zu stärken, können die Kinder im Erzählkreis berichten, was sie besonders gut können. Ein Kind beginnt zu erzählen, das Nachbarkind wiederholt die Aussage und fügt eine seiner Stärken hinzu.
Beispiel: Hans: „Ich kann gut rechnen." – Lisa: „Hans kann gut rechnen, ich kann gut schwimmen." – Julian: „Lisa kann gut schwimmen, ich kann gut Fußball spielen." usw.
Ein anderer Schwerpunkt liegt in der Flucht Marias und Josefs mit dem Jesuskind. In vielen Schulklassen sind immer wieder Asylbewerberkinder, die vielleicht von ihrem Schicksal erzählen können. Ein Gespräch darüber, was Kinder in einer Fluchtsituation mitnehmen würden, könnte in eine Aufgabe zur Heftgestaltung münden: Die Kinder erhalten ein Arbeitsblatt in Form eines Koffers, der sich aufklappen lässt und der drei Fächer enthält. In jedes Fach dürfen sie nun nur eine Sache malen, die sie auf einer Flucht mitnehmen würden. Um den Koffer werden anschließend Bilder aus Zeitschriften und Zeitungen von Flüchtlingen geklebt. Die Kinder merken dabei schnell, dass Dinge, die manchen von ihnen bei einer Flucht wichtig wären, für die abgebildeten Flüchtlinge eher unnötigen Ballast darstellten.

Bildungsstandard GS 2:
Die Kinder kennen die Geburtsgeschichte Jesu Christi.
Die Kinder kennen ... eine Weihnachtsgeschichte.
Die Kinder nehmen wahr, dass Freude und Leid, Angst und Geborgenheit zum menschlichen Leben gehören.

Jesus sucht Menschen Mk 1, 16–20 und 2, 13–17 (Seite 22/23)

Das Bild auf der Doppelseite stellt eine Situation dar, wie sie in vielen Schulklassen vorkommt: Ein Kind wird zum Außenseiter, die Mitschüler formieren sich in Gruppen und agieren gegen den Einzelnen. Mit den Schülerinnen und Schülern kann das Bild auf Seite 22 betrachtet und eine klassenspezifische Situation zur Sprache gebracht werden. Die Lehrkraft hat dazu das Bild auf eine Folie kopiert und zeigt es am Overheadprojektor. Die Schülerinnen und Schüler äußern sich dazu, wie sich der Junge wohl fühlt, wie es ihm geht, was er denkt. Sie stellen Vermutungen an, weshalb er so bedrückt ist. Anschließend wird gemeinsam das Bild auf Seite 23 betrachtet. Die Schülerinnen und Schüler überlegen sich dazu in Gruppen eine Spielszene mit einer Lösung für die Situation und spielen diese der Klasse vor.
Dabei kann herausgearbeitet werden, wie die einzelnen Kinder wohl zu dem „Außenseiter" stehen, denn nicht alle abgebildeten Kinder drücken Schadenfreude, Spott oder eine andere „negative" Verhaltensweise aus. Die Lehrkraft erzählt die Geschichte von Levi und unterbricht an der Stelle, als Jesus auf Levi zugeht. Die Kinder vermuten: Was will Jesus von Levi, was tut er und wie wird Levi wohl reagieren?
Die Berufung anderer Jünger wird von der Lehrkraft erzählt, wobei um die Geschichten herum auch sachkundige Erläuterungen zu den Verhältnissen der damaligen Zeit eingeflochten werden, so zum Beispiel über das Zollwesen, die Fischerei usw.

Zur Heftgestaltung

In die Mitte einer Heftseite schreiben die Kinder das Wort „Jesus". Aus einem von der Lehrkraft gestalteten Arbeitsblatt schneiden sie Figuren aus, versehen diese mit Namen von Jüngern Jesu und kleben sie zu dem Wort in der Mitte. Die Schülerinnen und Schüler zeichnen sich nun selbst, schneiden die Figur aus und kleben sie – je nach Bedürfnis – dichter oder entfernter zum Wort „Jesus". Vor dem Aufkleben der Jüngerfiguren erläutert die Lehrkraft, dass es Jünger gab, die Jesus näher standen. Diese werden ganz dicht zum Wort „Jesus" geklebt. Es sind die im Schülerbuch genannten.

Bildungsstandard GS 2:
Die Kinder wissen, dass Menschen Jesus Christus nachfolgen.

Jesus erzählt von Gott (Seite 24/25)

Jesus redet zu den Menschen von Gott in menschlichen Bildern. Mit den Kindern kann wiederholt werden, in welchen Bildern die Bibel von Gott spricht (vgl. Seite 10/11). Auf dieser Doppelseite wird das Bild vom Hirten entfaltet. Die Lehrkraft erzählt die Geschichte vom verlorenen Schaf anhand eines Bodenbildes. Dazu legt sie ein grünes Tuch aus, legt darauf 100 kleine Wattebäusche und stellt einen Holzkegel als Hirten dazu. Ein blaues Tuch liegt an der Seite und symbolisiert einen Fluss. Ein braunes Tuch dient als Weg. Mit den Kindern werden die 100 Schafe gezählt, was auch das mathematische Können erweitert. Schaschlikspieße deuten ein Gatter an, in das der Hirte am Abend seine Schafe treibt. Die Lehrkraft bittet die Schülerinnen und Schüler die Augen zu schließen und erzählt, dass langsam der Abend hereinbricht und der Hirte am Gatter nochmals die Schafe zählt. Dabei nimmt sie einen Wattebausch weg und versteckt ihn im Klassenzimmer. Die Kinder öffnen die Augen und zählen nochmals die „Schafe" nach. Anschließend überlegen sie, was mit dem einen Schaf passiert sein und was der Hirte nun unternehmen könnte. Dann wird das „Schaf" im Klassenzimmer gesucht.
Nach der Suchaktion versammeln sich die Kinder wieder im Erzählkreis um das Bild. Die Lehrkraft erzählt die Geschichte zu Ende.
Das Kind, welches den Wattebausch als Erstes entdeckt hat, darf ihn für seine spätere Heftgestaltung behalten. Die Kinder erzählen von eigenen Verlusten und gegebenenfalls von Kindern, die von zu Hause weglaufen oder die Schule schwänzen.
In einer weiteren Gesprächsrunde – nicht unmittelbar an den Erzählkreis anschließend – wird die Person des Hirten in das Blickfeld gerückt. Mit dem Impuls „Gott ist wie ein guter Hirte" (Plakat, Tafelanschrieb ...) sammeln die Kinder Eigenschaften dieses Hirten. Die Lehrkraft legt mit dem vorhandenen Material erneut ein Bodenbild und spricht dazu den Psalm 23. Für das „finstere Tal" legt sie ein schwarzes Tuch, dazu einen kleinen Stab und aus Tonpapier einen Tisch und einen Ölkrug sowie ein Haus.
Mit diesen Symbolen lernen die Kindern den Psalm auswendig.

Zur Heftgestaltung

Die Kinder färben eine Heftseite (alternativ dazu bietet sich auch ein Arbeitsblatt an) grün ein, malen Grasbüschel darauf und schneiden aus braunem Papier einen Hirten aus. Dieser wird aufgeklebt. Dazu erhalten die Kinder die beim Bodenbild verwendeten Wattebäusche, die sie nochmals verkleinern und daraus Schafkörper formen können. Gesicht, Schwanz und Beine werden gemalt.

Zu dieser Abbildung gibt es eine Kopiervorlage auf Seite 54.

Bildungsstandard GS 2:
Die Kinder kennen ... Psalm 23.
Die Kinder kennen ... ein Gleichnis.
Die Kinder kennen Beispiele, wie Jesus Christus von der Liebe Gottes spricht.
Die Kinder können ihre Vorstellungen von Jesus Christus ausdrücken.

Jesus und die Kinder – Jesus hilft in der Angst Mk 10, 13–16 und Mk 4, 35–41 (Seite 26/27)

Die Geschichte von der Kindersegnung wird erzählt und es wird über das Bild Seite 26 gesprochen.

Eine Anregung zur Gestaltung

Auf ein Plakat wird ein großer Fußabdruck in die Mitte geklebt, auf dem der Name „Jesus" steht. Jedes Kind zeichnet auf ein Blatt Papier den Umriss des eigenen Fußes, schneidet diesen aus, schreibt seinen Namen darauf und klebt ihn auf das Plakat. Wichtig ist, dass die Kinder dies selbst tun. Manche möchten ganz nah bei Jesus sein, andere sind noch etwas distanziert.
Alternative: Ein großes Plakat in Herzform wird in die Kreismitte gelegt. Darauf steht der Name „Jesus". Die Kinder erhalten ein kleineres Herz aus Tonpapier, auf das sie als Hausaufgabe ein Passfoto von sich kleben. In der nächsten Stunde werden die Herzen auf das große Herz geklebt, wiederum von den Kindern selbst. Wer kein Plakat gestalten möchte, lässt die Kinder das Herz mit Foto ins Heft kleben und darübern eine „Segenshand" malen.
Mit der Geschichte von der Stillung des Sturms wird den Kindern vermittelt, dass nicht nur Kinder von Angstgefühlen betroffen sind, sondern auch Erwachsene. Für manche Kinder ist das unvorstellbar, halten sie doch Erwachsene für stärker, klüger usw. Zunächst soll es in der Einheit um die Angst der Kinder gehen. Dabei ist darauf zu achten, dass im Unterricht nicht etwas aufbricht, auf das – wenn überhaupt – erst in der nächsten Stunde die Antwort gegeben wird. Die Kinder schreiben auf blaue Wellen aus Tonpapier auf, wovor sie Angst haben. Wer möchte, liest vor, was er geschrieben hat. Ist es den Kindern zu unangenehm über ihre Ängste zu sprechen, können auch alle Wellen anonym in die Mitte des Stuhlkreises gelegt werden und von der Lehrkraft vorgelesen werden. Gemeinsam wird überlegt, welche Möglichkeiten es gibt, gegen die Angst vorzugehen. Die Lehrkraft schreibt die Vorschläge der Schüler auf kleine Rettungsringe aus Tonpapier und legt diese zu den Wellen. Dann erzählt sie die Geschichte von der Sturmstillung und legt dazu ein Boot auf die Wellen, auf dem der Name „Jesus" steht. Die Kinder überlegen, wie Jesus in ihrer Angst helfen kann. Dazu lesen sie gemeinsam den Text auf Seite 26.

Zur Heftgestaltung

Jedes Kind nimmt seine beschriftete Welle und klebt sie an den unteren Rand einer Heftseite, ebenso nimmt es den Rettungsring und klebt ihn auf die Welle. Dann malt es ein Boot und schreibt darauf den Namen „Jesus". Als Überschrift dient jene im Buch: „Jesus hilft in der Angst". Den Hintergrund gestaltet das Kind in dunklen Farbtönen als Sturm.

Bildungsstandard GS 2:
Die Kinder wissen, dass Jesus Christus sich für Kinder einsetzt.
Die Kinder kennen ... Geschichten von Heilungen und anderen Begegnungen mit Menschen.

Menschen vertrauen Jesus Mk 10, 46–52 und 2,1–12 (Seite 28/29)

Auf den nächsten beiden Seiten werden die Erzählungen von Begegnungen mit Jesus fortgeführt. Die Lehrkraft erzählt die Geschichte von Bartimäus. Sie kann dazu Bilder von Kees de Kort verwenden. Allerdings soll der Schwerpunkt nicht auf die Blindheit des Bartimäus gelegt werden, sondern – wie es dem Skopus des Textes entspricht – auf das Vertrauen des Bartimäus zu Jesus Christus. Blindsein erfordert besonderes Vertrauen. Das abstrakte Bild im Schülerbuch soll die Schülerinnen und Schüler dazu anregen, selbst ein Bild mit dunklen Farben zu gestalten. Die Betonung liegt auf der Farbe, deshalb sollte das Bild ungegenständlich gemalt werden. Die Schwierigkeit liegt nun darin, in das dunkle Bild Licht zu bringen, das heißt mit hellen Farben einen Weg zu malen. Dazu müssen die entsprechenden Bereiche ausgespart werden, da sich dunkle Farbe kaum deckend übermalen lässt. Das Bild wird anschließend ins Heft geklebt. Mit der künstlerischen Auseinandersetzung der Bartimäus-Geschichte können die Kinder ein wenig nachempfinden, wie schwer es für jemand ist, der immer in der Dunkelheit gelebt hat, das Licht zu finden und sich zurechtzufinden. Das erfordert viel Vertrauen.
Als Vorbereitung für die Lehrererzählung von der Heilung des Gelähmten schreibt die Lehrkraft an die Tafel den Halbsatz: „Ein Freund oder eine Freundin ist für mich einer oder eine, der oder die ... ist." Die Kinder lesen den Satz gemeinsam und schreiben oder malen dann in Einzelarbeit auf vorbereitete Tonpapierstreifen Eigenschaften, die ihnen bei einem Freund oder einer Freundin wichtig sind. Beispiel: nett, witzig, fröhlich, gescheit, reich, groß, lieb, usw. Die Karten werden vorgelesen und besprochen, welche vier Eigenschaften den Kindern für eine Freundschaft besonders wichtig sind. Falls die Auswahl zu schwierig ist, kann auch abgestimmt werden. Als Anregung zum Gespräch, wie sich Kinder einen Freund oder eine Freundin vorstellen, dient auch das Bild auf Seite 29 im Schülerbuch wie auch das Gedicht „Wann Freunde wichtig sind" (zu Seite 5/6).
Die von den Kindern genannten vier Eigenschaften werden nun in die Lehrererzählung aufgenommen und charakterisieren die vier Freunde, die ihren gelähmten Freund zu Jesus bringen. Dazu klebt die Lehrkraft vier Tonpapierstreifen auf vier Pappstreifen (30 x 5 cm), die durch Musterklammern miteinander verbunden sind, und erzählt anhand dieser die Geschichte. Die beschrifteten Teile werden nur bei der Bedeutung „vier Freunde" den Schülerinnen und Schülern gezeigt, für die anderen Figuren sehen die Kinder nur die Rückseite der Streifen (unbeschriftet).

Die vier Freunde

(Achtung: Die Skizzen verdeutlichen, wie die Pappstreifen für die Demonstration jeweils geklappt werden müssen. Sie sind seitenverkehrt gezeichnet, zur Erleichterung für die Lehrkraft. Die Textstellen, bei denen eine Demonstration der Pappstreifen erfolgt, sind kursiv gedruckt.)

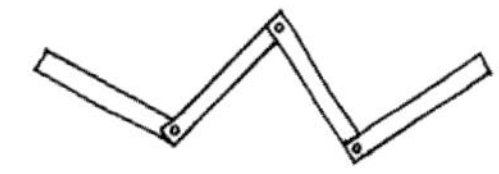

Maße: 4 Pappstreifen 30 x 5 cm + 4 Musterklammern

Diese Geschichte erzählt von *vier Freunden.*

Sie haben einen Freund, der ist schwer krank.
Er kann nicht *gehen.*

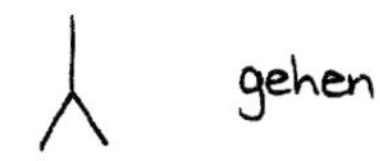

Er ist so krank, dass er nicht einmal *sitzen* kann.

Er muss den ganzen Tag immer nur *liegen.*

Die *vier Freunde* wollen gern, dass er wieder gesund wird.
Sie probieren alle möglichen Heilmittel aus, aber keines hilft.
Eines Tages hören sie von Jesus und von Menschen, die er geheilt hat.

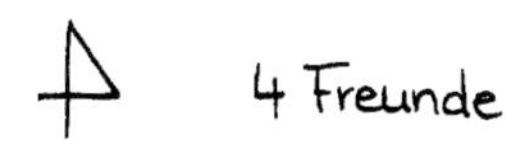

Heute ist Jesus in einem Haus in Kapernaum.
Jetzt wollen die vier Freunde ihren kranken Freund zu Jesus bringen.

Sie *legen* ihn auf eine Matte und tragen ihn zu Jesus.

Sie kommen zu dem *Haus* in Kapernaum,
aber die *Tür* ist verstellt von Menschen.

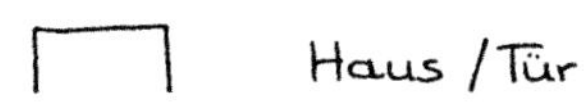

Einer der Freunde geht zum *Fenster.* Er späht hinein.
„Ja, drinnen ist Jesus!
Doch wie sollen wir mit unserem kranken Freund da hineinkommen?"

Da hat einer der Freunde eine Idee.
„Wir können ihn durchs Dach zu Jesus bringen", sagt er zu den anderen.

„Das Dach ist flach,
und dort ist eine *Treppe*, die uns nach oben führt."

Die vier Freunde nehmen die vier *Enden der Matte*
und tragen ihren kranken Freund auf das Dach des Hauses.

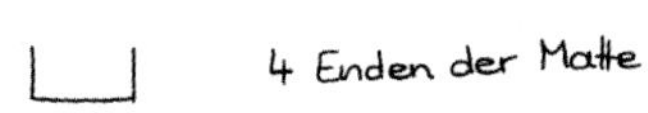

Oben angekommen beginnen sie ein Loch zu graben.
Das ist nicht besonders schwierig, das Dach besteht nämlich aus Holz, Schilf, Erde und Balken.

Als das Loch groß genug ist, binden die vier Männer Stricke
an die vier Enden der Matte und lassen ihren Freund vorsichtig
durch das Loch hinunter, direkt vor die Füße von Jesus.

Da *liegt* nun der kranke Mann vor Jesus.
Jesus sieht ihn an und sagt:
„Gott hat dich nicht vergessen. Gott liebt dich – wie du bist.
Steh auf, nimm deine Trage und geh!"

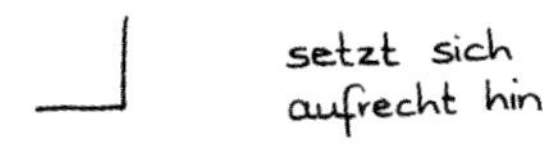

Der Mann *setzt sich aufrecht hin, steht auf,*

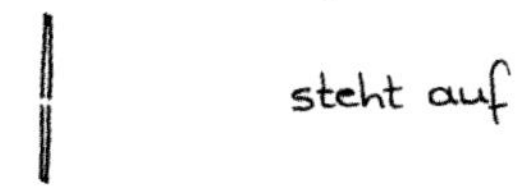

er nimmt seine Matte auf den Rücken, und *geht heim.*

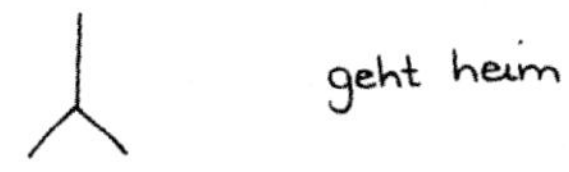

Für die Kinder können kleinere Pappstreifen geschnitten und
zusammengeheftet werden, anhand derer sie die Geschichte nacherzählen können.

Zur Heftgestaltung

Die Kinder erhalten die Abbildung eines Hauses der damaligen Zeit, auf das sie die vier Freunde malen, es dann, wie auch Tür, Fenster und das Loch in der Decke, ausschneiden und so ins Heft kleben, dass es aufklappbar ist (siehe unten). Darunter malen die Kinder die Inneneinrichtung des Hauses, Jesus, den Kranken und die Menschen im Haus. Die Seile der Matte können aus Wollfäden aufgeklebt werden, um das Bild etwas plastischer wirken zu lassen. Ebenso kann eine Matte aus einer Papierserviette geschnitten werden, auf die dann der Kranke, ebenfalls aus Papier geschnitten, aufgeklebt wird.

Weitere Lieder/Materialien/Anregungen:
Bewegungslied: Der Bettler dort am Straßenrand (Rolf Krenzer/Paul G. Walter: 12 Spiellieder zum Neuen Testament. Musikbär Verlag Schriesheim, 1992)

Zu dieser Abbildung gibt es eine Kopiervorlage auf Seite 54.

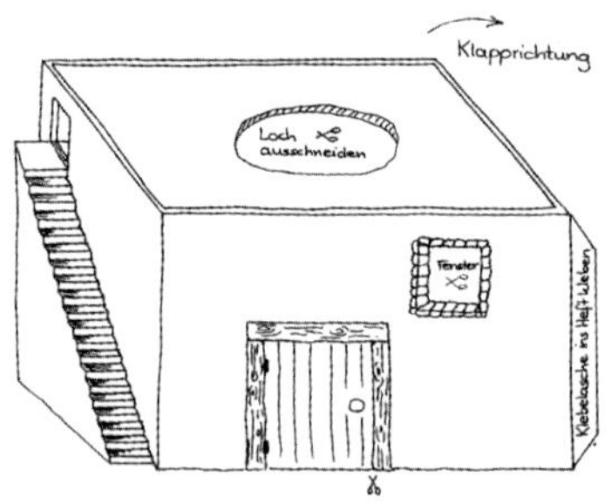

Bildungsstandard GS 2:
Die Kinder nehmen wahr, dass Freude und Leid, Angst und Geborgenheit zum menschlichen Leben gehören.
Die Kinder kennen ... Geschichten von Heilungen und anderen Begegnungen mit Menschen.

Jesus der Christus lebt Mk 16,1–8 (Seite 30/31)

Das Thema „Ostern" wird in der Grundschule meist fächerübergreifend behandelt. Im Kunstunterricht werden Eier bemalt und andere Osterbasteleien hergestellt, um das Klassenzimmer zu schmücken, im Sachunterricht werden Osterbräuche in verschiedenen Ländern besprochen und im Musikunterricht werden Osterlieder gesungen. Insofern hat der Religionsunterricht die große Chance, die biblische Bedeutung dieses Festes in den Mittelpunkt zu rücken. Auf der Schülerbuchdoppelseite wird die Geschichte von der Auferstehung Jesu erzählt. Um diese zu verstehen, sollte den Kindern behutsam die Vorgeschichte nahe gebracht werden, von Jesu Kreuzigung und Tod. Die Vorgeschichten können schlicht erzählt werden.
Für die Vertiefung der Ostergeschichte bieten sich Instrumente an. So kann der Text im Schülerbuch verklanglicht werden. Das bedeutet, die Kinder lesen einzelne Sätze oder Abschnitte und überlegen, welche Instrumente von ihrem Klang her passen, die dann dazu gespielt werden. Beispiel: „Die Freunde von Jesus sind traurig. Er ist nicht mehr bei ihnen. Er ist tot." Dazu passen tiefe Töne, etwa eines Bassklangstabes oder einer Pauke. Auch eine große Rahmentrommel bietet sich an. „Die Frauen gehen zum Grab" kann z. B. durch eine Tonleiter auf dem Xylophon oder Glockenspiel dargestellt werden, usw.
Fächerverbindend lässt sich eine Osterfeier gestalten. Dazu werden Einladungskarten und Tischdekorationen (z. B. Kerze verzieren) gebastelt, die Kinder erzählen von der Ostergeschichte und es werden passende Lieder gesungen.
Die Kinder können auch Bilder zur Ostergeschichte malen und dazu einfache englische Sätze vortragen, wie beispielsweise: The stone is in front of the tomb. Jesus' friends come to the tomb. What a surprise! The stone has been rolled away. Inside the tomb sits an angel. "Jesus has risen", he says. The friends run away. They are happy. They tell the good news other friends of Jesus.

Weitere Lieder/Materialien/Anregungen:
Lieder: Als Jesus gestorben war (Rolf Krenzer: Ich geh mit dir. Lahn-Verlag, Limburg, 1990)
Große Leute, kleine Leute (Rolf Krenzer, dto.) (EG BEL 565)
Er ist erstanden, Halleluja (EG 116)

Bildungsstandard GS 1/2:
Die Kinder kennen ... eine Ostergeschichte.
Die Kinder kennen ... Geschichten ... seiner (Jesu) Auferweckung durch Gott.

Gottes Geist macht Menschen froh Apg 2,1–14 (Seite 32/33)

Pfingsten ist ein Fest, das in der Schule am wenigsten vorkommt, weil meistens Pfingstferien sind und weil die Gesellschaft sich mit dem Heiligen Geist ohnehin schwer tut. Bisher fand sich das Thema auch kaum in den Lehrplänen. Deshalb soll es hier wieder neu Beachtung finden.

Die Pfingstgeschichte kann anhand eines Bodenbildes erzählt werden. Dazu legt die Lehrkraft ein schwarzes quadratisches Tuch in die Mitte, darüber ein zweites schwarzes Tuch, das zum Dreieck gefaltet ist und das Dach eines Hauses bildet. Im Voraus hat sie bereits gelbe Tücher unter die schwarzen gelegt, die nun aber nicht sichtbar sind. Sie erzählt von den Jüngern.
Sie haben sich im Haus eingeschlossen und haben Angst.
Dabei blendet die Lehrkraft nochmals zurück und erzählt von den Erinnerungen der Jünger an ihre Zeit mit Jesus und dem, was in den letzten Wochen geschehen ist. Die Kinder unterstützen sie dabei mit ihren Vorkenntnissen. (Zu beachten ist dabei, dass die „Rückblende" in der Erzählung durch das Reden der Jünger geschehen muss. Entwicklungspsychologisch sind in diesem Alter Rückblenden ansonsten kaum einzuordnen!)
Nun nimmt die Lehrkraft die schwarzen Tücher weg und darunter kommen die gelben Tücher zum Vorschein. Sie erzählt von dem Pfingstgeschehen und dem, was die Jünger verkünden. Das gelbe „Stoffhaus" kann mit Legematerialien festlich geschmückt werden, als Zeichen der Freude über das Pfingstereignis.

Liedvorschläge

- Die Kinder singen das Lied „Hallelu-, Hallelu-, Hallelu-, Halleluja, preiset den Herrn"(Quelle: Liederbuch für die Jugend Nr. 389) in verschiedenen Sprachen. Bei dem Wort „Halleluja" stehen dabei die Jungen und Mädchen abwechselnd auf, bei „Preiset den Herrn" alle gemeinsam.
- Zu dem Lied „Halleluja" (EG 182) eignet sich ein Tanz, der veranschaulichen soll, wie sich die frohe Botschaft in alle 4 Himmelsrichtungen ausgebreitet hat: Das Lied hat 16 Takte mit je 4 Zählzeiten. Die Kinder stehen im Kreis, Gesicht zur Mitte, Hände gefasst.

Takte 1–4:	4 langsame Schritte zur Mitte (Richtung Norden), dabei Arme nach oben führen
Takte 5–8:	4 langsame Schritte zurück (Richtung Süden), dabei Arme senken, beim letzten Schritt: Vierteldrehung im Uhrzeigersinn (=rechte Schulter zurück), Handfassung lösen,
Takte 9–12:	4 langsame Schritte auf der Kreisbahn (Richtung Osten), dabei Arme ausbreiten
Takte 13–16:	4 langsame Schritte rückwärts, dabei Arme ausgebreitet lassen, beim letzten Schritt Vierteldrehung zurück in Ausgangsposition.

Weitere Lieder/Materialien/Anregungen:
Lieder: Zu Pfingsten in Jerusalem da ist etwas gescheh'n (Quelle: Liederbuch für die Jugend, Seite 340, Strophe 2)
Ihr werdet die Kraft des Heiligen Geistes empfangen (EG 132)

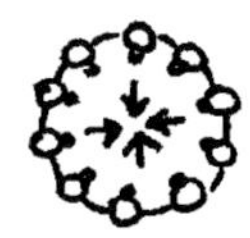
4 Schritte zur Mitte

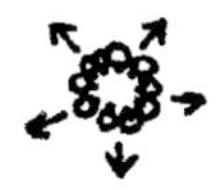
4 Schritte zurück

Vierteldrehung im Uhrzeigersinn

4 Schritte auf der Kreisbahn – Arme ausbreiten

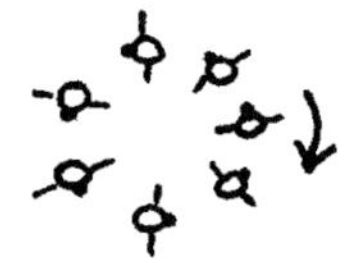
4 Schritte rückwärts – Arme ausgebreitet

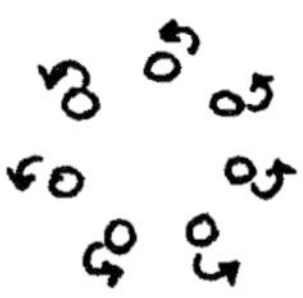
Vierteldrehung gegen den Uhrzeigersinn

Zur Heftgestaltung

Auf eine Heftseite wird ein gelbes Haus aus Tonpapier, darauf deckungsgleich ein schwarzes geklebt. Auf das schwarze Haus zeichnen die Kinder Fenster und eine Tür, die so ausgeschnitten werden, dass beim Aufklappen die gelben Einsätze sichtbar werden. In diese malen die Kinder Sprechblasen.
Der Schriftzug „Jesus lebt" wird in verschiedenen Sprachen in die Sprechblasen geschrieben. So wird beim Öffnen der Fenster und der Tür deutlich, was an Pfingsten geschehen ist.
Da das Pfingstfest auch als Geburtstag der Kirche gilt, kann die Lehrkraft auch mit den Kindern ein Kirchenfenster gestalten. Dazu schneidet sie aus schwarzem Tonpapier einen schwarzen Rahmen in drei spitzbogenförmigen Abschnitten, in den die Kinder dann Transparentpapierschnipsel kleben. Dadurch entsteht ein buntes Kirchenfenster zum Aufstellen, hinter das auch eine Kerze gestellt werden kann.

Bildungsstandard GS 2:
Die Kinder nehmen wahr, dass Freude und Leid, Angst und Geborgenheit zum menschlichen Leben gehören.

Wir beten Liturgieseite (S.34/35)

Dies ist die zweite Liturgieseite (siehe auch S.14/15 im Schülerbuch). Das Gebet ist ein zentrales Element des Religionsunterrichts und kann im Rahmen des Anfangsrituals seinen gewohnten Ort finden. Neben gebundenen Gebeten können die Kinder im Lauf der Zeit auch zum freien Gebet hingeführt werden. Immer wieder wird die Lehrkraft mit den Kindern die Bedeutung des Gebets besprechen, damit es nicht zu einem sinnlosen Ritual entleert wird. Zu dem im Schülerbuch abgedruckten Gebet passt ein Lied, dass als gesungenes Gebet dienen kann. Es kann auch dazu anregen, weitere Zeilen zu formulieren, wofür die Kinder Gott danken können und worüber sie sich freuen.

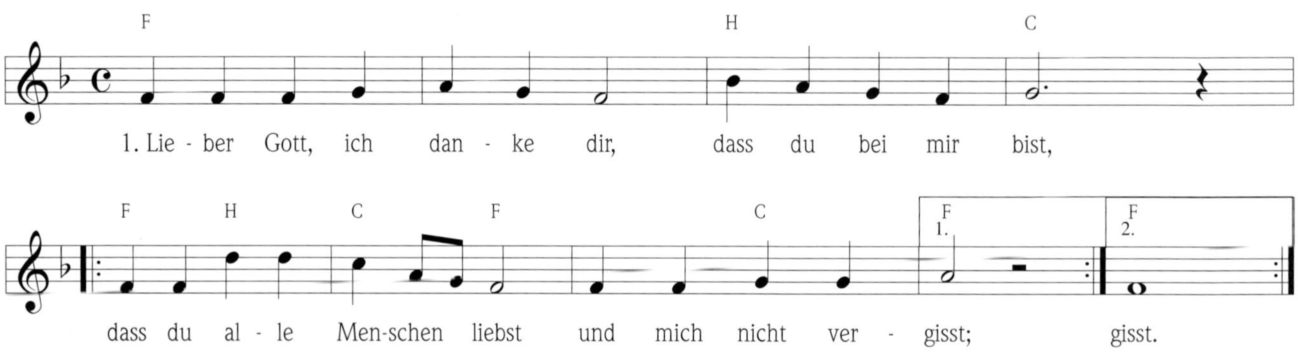

2. Dass ich mit dir sprechen kann; und du hörst mir zu:
   Lieber Gott, ich freue mich, danke, danke du.
   Lieber Gott, ich freue mich, danke, danke du.
3. = 1. Strophe

Text: Marianne Schmidt, Melodie: Fritz Baltruweit aus: Meine Liedertüte, 1993 © alle Rechte im tvd-Verlag Düsseldorf

Das Vaterunser eignet sich dazu, mit Bewegungen gelernt zu werden:

Für eine Phase im Schuljahr kann das so gestaltete Vaterunser Hauptteil eines Eingangsrituals für den Religionsunterricht sein. Es kann ergänzt werden durch das Gebetslied „Lieber Gott, ich danke dir...", dem eine nach Regeln gestaltete Phase des Erzählens von Kindern folgt. Regeln sind z. B.: Drei Kinder erzählen, was sie heute bewegt, worüber sie sich gefreut oder geärgert haben. Die Lehrkraft gibt dem jeweils sprechenden Kind einen Gegenstand in die Hand, so wird für alle deutlich, wer mit dem Sprechen dran ist. Zwischen den Gesprächsbeiträgen – die anderen Kinder hören zu – kann immer wieder eine Strophe des Liedes gesungen werden.
Die Abfolge: Lied – Gespräch/Erzählung der Kinder unterbrochen durch Liedverse – Vaterunser mit Bewegung – Lied
Die Zeichnungen mit den verschiedenen Gebetshaltungen können zum Gespräch anregen, auf welche Weise Menschen beten können und was sie mit dieser Haltung ausdrücken wollen. Die Gebetshaltungen können nachempfunden und durch weitere ergänzt werden.

Bildungsstandard GS 2:
Die Kinder kennen ... das Vaterunser.
Die Kinder kennen geistliche Lieder und Gebete und ganzheitliche Ausdrucksformen des Gotteslobs.
Die Kinder können an Feiern und Ritualen mit Verständnis teilnehmen und sich beim gemeinsamen Singen, Beten, Meditieren angemessen verhalten.

Kapitel 3: Familiengeschichten

Abraham und Sara – Der Weg wird zum Symbol

Es beginnt in Ur am unteren Euphrat. Dort lebt Terach, der Vater Abrahams, Nahors und Harans. Als Haran stirbt, zieht Terach mit Abraham und Lot, dem Sohn Harans, den Euphrat aufwärts an Babylon vorbei in das Ackerbaugebiet der Syrer an den uralten Ort Haran und lässt sich dort nieder. Warum Terach Ur verließ, diese Handelsstadt, die damals noch am Meer lag, mit dem berühmten Stufenturm für den Mondgott, ist unbekannt. Aber Terach war ja ein Aramäer. Und wir wissen, dass die Aramäer zwischen dem 19. und 14. Jahrhundert vor Christus in mehreren Wellen aus der arabischen Wüste in den babylonischen und syrischen Raum eindrangen und sich dort sesshaft machten. Und wahrscheinlich haben in Haran schon Verwandte von Terach gelebt. Denn als Abraham und seine Frau wieder aus Haran aufbrechen, lassen sie Freunde und Verwandte zurück. Sie geben aber auch die Sicherheit der Stadtmauern und den Schutz des Stadtgottes auf und sind nun auf sich selbst gestellt. Abraham nimmt große Herden und seine Hirten mit den Frauen mit. Zu ihrem Schutz tragen sie Waffen. Um in den Steppen überleben zu können, musste man um gute Weideplätze oder Brunnen kämpfen.
Abraham vertraut einem geheimnisvollen Gott sein Leben an aufgrund der Offenbarung: „Gott sprach zu Abraham: Geh aus deinem Land. Verlass deine Sippe und deines Vaters Familie und zieh in ein Land, das ich dir zeigen will. Da zog Abraham aus mit seiner Frau Sara und seinem Neffen Lot mit all seinem Besitz und all seinen Leuten und wanderte nach Kanaan." (1 Mose 12, 1–6). Abraham wanderte nun mehr als tausend Kilometer von Haran in der südlichen Türkei in den Süden Kanaans, bis an die Grenze Ägyptens.
Abraham durchzieht Kanaan westlich des Jordans und kommt nach Sichem. Dort hört er wieder Gottes Stimme: „Deinen Nachfahren will ich dieses Land geben." (1 Mose 12, 6–7) Hier entfacht sich der Streit zwischen den Hirten von Lot und Abraham. Es geht dabei nicht um das Überleben, nicht um das Sein. Das zeigt das Ende des Streites. Es geht vielmehr um Reichtum und Besitz – um das Haben. So sucht Lot auch das Land für sich, das mehr Reichtum verspricht. Abraham aber geht in die Steppe im Vertrauen: Gott wird mich wohl leiten. Lots Geschichte verfolgen wir nicht weiter. Wir gehen mit Abraham an Jerusalem vorbei. Der König Melchisedek von Salem und Priester des höchsten Gottes, der Himmel und Erde geschaffen hat (1 Mose 14), bringt Brot und Wein zum Zeichen, dass er den Beduinen erlaubt, auf den abgeernteten Feldern ihre Schafe zu hüten. Abraham zahlt dafür den Zehnten seines Besitzes an Melchisedek. So kommen die Hirten Abrahams jedes Jahr zwischen Mai und September nach der Kornernte in die Gegend um Jerusalem. Mit Beginn der Regenzeit wechseln sie wieder in die Steppe, und Abraham siedelt beim Brunnen von Beersheba. Die Verheißung Gottes, dass Sara ein Kind bekommt, verzögert sich – so lange, bis es eigentlich schon nicht mehr Wirklichkeit werden kann. Doch dann der Besuch der drei Männer. Gastfreundlich empfängt Abraham die Fremden und Sara erfüllt selbstverständlich ihre Frauenaufgabe. Im Zelt hört Sara die Männer reden. Sie braucht nicht, wie immer wieder behauptet wird, zu lauschen. Sie ist nicht diese „typisch neugierige Frau". Vielmehr lacht Sara über das Männergerede, das doch sie betrifft und ihren Wunsch, ein Kind zu bekommen. Mutter ist der Ehrentitel, den sich jede Frau der damaligen Zeit wünscht. Wichtig für das Alter ist ein Sohn. Er bringt wieder eine Frau ins Frauenzelt, die dann für die Altgewordenen mit sorgt, weil ja die Tochter in das Zelt der anderen Mutter geht. Die Töchter gehen nicht die Wege der Eltern.
Sara lacht, weil es nun ja eigentlich zu spät ist, ein Kind zu bekommen. Aber dann, übers Jahr, lacht sie wieder. Und sie nennt die Erfüllung ihrer Sehnsucht Isaak – mein Lachen, meine Freude, mein Glück.
Der Segen Gottes, der sich für die Menschen damals in der Fruchtbarkeit erweist, hat nun auch Sara erreicht. (Den anderen Segen der Fruchtbarkeit, der Schafe, Ziegen und Rinder, haben Abraham und Sara ja in überwältigender Weise erfahren). Die Verheißung des Landes aber lässt auf sich warten. Zwar sind sie gern gesehene und hoch geachtete Leute, aber sie bleiben Fremde.

Das erste Stück Land, das Abraham kauft, ist die Höhle von Magdala, als Sara stirbt und Abraham sie auf eigenem Land bestattet. In dieser Höhle wird auch er begraben.

Bildungsstandard GS 2:
Die Kinder entdecken, wie Menschen in Texten des Alten Testamentes von Gott erzählen.
Die Kinder kennen biblische Erzählungen, in denen Menschen miteinander und mit Gott Erfahrungen machen.
Die Kinder kennen Familiengeschichten des Alten Testamentes ...
Die Kinder nehmen wahr, dass Freude und Leid, Angst und Geborgenheit zum menschlichen Leben gehören.
Die Kinder wissen, wie Mut, Vertrauen, Hoffnung und Nächstenliebe das Handeln von Menschen verändern kann.

Gott macht Mut 1. Mose 12,1–3 (Seite 36/37)

Die Einheit über Abraham und Sara sollte ein durchgängiges Gestaltungselement aufweisen. So kann eine alte Tapetenrolle als Wandfries dienen, auf dem Abrahams und Saras Weg gestaltet und zu dem erzählt wird. Möglich wäre auch, den Weg mit Tüchern zu legen. Diese müssten allerdings in jeder Religionsstunde neu ausgelegt werden. Hier wird im Folgenden vorrangig die Idee des Wandfrieses beschrieben.
Als begleitendes Lied eignet sich „Abraham, Abraham“ (EG 311).
Für den Beginn des Weges malt die Lehrkraft das Bild aus dem Schülerbuch Seite 36/37 auf die Tapetenrolle. Sie erzählt vom Leben einer Großfamilie, die als Nomaden unterwegs sind. Dabei kann mit den Kindern ihr eigener Stammbaum besprochen bzw. wiederholt werden.
Nach der Erzählung über Gottes Ruf an Abraham wird die erste Szene des Wandfrieses gestaltet. Dazu stellen die Kinder ihren Fuß auf ein Blatt Papier, umfahren ihn und schneiden ihn aus. Darauf schreiben sie einen guten Wunsch für Abraham und Sara, der sie auf ihrem Weg begleiten soll. Die Fußspuren werden auf die Tapetenrolle geklebt.
Als Wiederholung der Geschichte wird mit verteilten Rollen der Text im Buch gelesen und gespielt. Mit den Kindern wird besprochen, was gute Worte, wie sie diese auf den Fußspuren formuliert haben, bewirken können und was ihnen selbst Mut macht.

Zur Heftgestaltung

Diese kann zu Gunsten der gemeinsamen Gestaltung eines Wandfrieses entfallen. Wer nicht darauf verzichten möchte, für den seien hier einige Empfehlungen gegeben:
Alle Heftseiten weisen dasselbe Muster an den unteren Seitenrändern auf: den Weg Abrahams, gestempelt mit Fußformen, die aus Moosgummi hergestellt werden können. Stempel in Fußform gibt es auch bei Heindesign, Eilper Straße 76, 58091 Hagen, Tel. 02331/72211 (www.heindesign.de).
Für die einzelnen Seiten wird als Lesezeichen eine Abrahamfigur aus festem Tonkarton hergestellt, die jeweils „mitwandert“.
Für die erste Heftseite zu dieser Einheit schneiden die Kinder einen Fußabdruck aus Papier und kleben ihn, beschriftet mit einem Segenswort für Abraham, in ihr Heft. Dazu malen sie eine Hand auf Papier, schneiden diese aus und kleben sie zu dem Fußabdruck ins Heft. Auf die Hand schreiben sie: Gott segne dich. Symbolisch kann die Heftgestaltung so verstanden werden: „Abrahams Glaube hat Hand und Fuß“

Abraham – Lesezeichen

Zu dieser Abbildung gibt es eine Kopiervorlage auf Seite 55.

Die Erzählungen können auch aus der Sicht der Sara erzählt werden. Ein Beispiel kann dies veranschaulichen:

Ich heiße Sara und bin die Frau von Abraham. Kinder haben wir noch keine. Wir wohnen schon einige Jahre in Haran in einem Haus, das Abrahams Vater gebaut hat.
Die Stadt ist von Mauern umgeben. So sind wir sicher vor Feinden. In der Stadtmitte steht ein Tempel für den Stadtgott. Er beschützt uns und sorgt auch für die Fruchtbarkeit des Landes. Jede Stadt hat einen Gott, der sie beschützt.
Zu unserer Familie gehört auch Lot. Sein Vater, der Bruder von Abraham, ist früh gestorben. Er ist wie unser Sohn, aber ich möchte ein eigenes Kind.
Wir besitzen viele Tiere, Schafe und Ziegen.
Da kommt Abraham. Er war draußen bei den Hirten. Er sagt: „Stell dir vor, was mir passiert ist: Gott hat mit mir gesprochen.“
„Unser Stadtgott von Haran?“, frage ich.
„Nein, Sara“, antwortet Abraham. „Ich hörte eine Stimme: Abraham, Abraham, verlass deine Heimat, deine Verwandtschaft und die Familie deines Vaters und ziehe in ein Land, das ich dir zeigen werde. Ich will dir viele Nachkommen schenken und dich zum Vater eines mächtigen Volkes machen. So wirst du in aller Welt geachtet sein. An dir wird sichtbar werden, was es bedeutet, wenn ich jemanden segne.“

Ich spüre, Abraham hat etwas Außergewöhnliches erlebt. Dann sagt Abraham: „Verstehst du, Sara, wir werden ein Kind bekommen! Das war doch immer dein Wunsch!“
Ich sage: „Ja – aber es ist nicht leicht, dieses Haus zu verlassen und unsere Freunde und unsere Verwandten. Ach, Abraham, das macht mir Angst. Hier in Haran sind wir sicher. Dort draußen lauern viele Gefahren.“
Abraham sagt: „Wenn Gott es will, können wir gar nicht anders. Vergiss nicht, Gott hat uns ein Kind verheißen und seinen Segen. Er geht mit uns.“

Die Lehrkraft kann diese Geschichte mehrmals unterbrechen und mit den Kindern über das Erzählte reden.
Die Schüler/innen können im Buch das Haus anschauen. Die Lehrkraft kann erzählen, dass alles Wissen von den Müttern und Vätern übermittelt wurde und die Kinder damals schon früh mitarbeiten mussten.
Viel Zeit sollte man sich lassen bei der Frage der Angst der Sara. Die Kinder können jetzt eigene Angstgeschichten erzählen, wie sie z. B. am Abend allein waren oder mit den Eltern umgezogen sind und jetzt in dieser neuen Wohnung waren und zum ersten Mal die Nachbarskinder gesehen haben ... Die Kinder können dann die Angst der Sara mit Farben malen. Sie lesen noch einmal die Zusammenfassung im Buch und schreiben einen Satz: „Gott spricht mit den Menschen“ oder „Gott segnet die Menschen.“

Unterwegs – Ein Streit bricht aus 1.Mose 12,3–9 und 13,1–12 (Seite 38/39)

Abraham fragt Gott nach dem rechten Weg. Er betet. Der Text im Schülerbuch gibt dazu Anlass, das Gebet erneut in den Mittelpunkt einer Religionsstunde zu rücken und seine Bedeutung mit den Schülerinnen und Schülern zu wiederholen.
Auf das Wandfries hat die Lehrkraft eine Wüste und eine Abrahamfigur gemalt. Die Kinder schneiden Sprechblasen aus Papier und schreiben darauf, was Abraham zu Gott sagen könnte.
Streit kommt in Schulen sehr häufig vor. Für die Lehrkraft bedeutet es eine pädagogische Herausforderung, die Kinder soziales Verhalten zu lehren und mit ihnen angemessene Verhaltensweisen in Streitsituationen zu finden. Die alttestamentliche Geschichte vom Streit der Hirten lässt sich daher sehr gut als Beispielgeschichte verwenden.
Bevor das Wandfries weitergestaltet wird, kann ein Bodenbild mit Tüchern gelegt werden. Grüne Tücher eignen sich für das Land, das Lot wählt, braune für jenes von Abraham. Dazu kann ein blaues Tuch als Fluss gelegt werden. Ein paar Wattebäusche dienen als Schafe, Holzkegel für die Hirten und zwei andersfarbige Holzkegel für Abraham und Lot. Die Kinder spielen nun die Geschichte mit den Figuren nach und überlegen sich Möglichkeiten, wie die Geschichte ausgehen kann.
Für das Wandfries malen die Kinder ein grünes und ein braunes Feld und kleben Wattebäusche für die Schafe auf. Gesicht, Beine und Schwanz werden aufgemalt. Die beiden Figuren auf Seite 39 können vergrößert kopiert, ausgeschnitten und aufgeklebt werden. Die Kinder malen noch Hirten, schneiden sie aus und kleben sie zu den Schafen. Entsprechend der Aufgabe im Buch können noch Denkblasen ausgeschnitten und darauf geschrieben werden, was Abraham nach Lots Wahl denken könnte. Diese werden dann ebenfalls auf das Wandfries geklebt.

Weitere Lieder/Materialien/Anregungen:
Lied: Streit, Streit, Streit (Rolf Krenzer/Ludger Edelkötter, in: Das große Liederbuch von Rolf Krenzer Lahn – Verlag Limburg 1988)

Zur Heftgestaltung

In die Mitte einer Heftseite wird von oben nach unten ein blauer, wellenförmig geschnittener Tonpapierstreifen geklebt, der einen Fluss symbolisieren soll. Die linke Seite färben die Schülerinnen und Schüler in Gelb-Ocker-Braun-Tönen ein, die rechte in Grün-Braun-Tönen und malen Bäche dazu. Eventuell können noch Tiere aufgeklebt werden, Zelte, usw. Die Figur Lots wird auf Papier gemalt, ausgeschnitten und auf die rechte Seitenhälfte geklebt. Ebenso können Hirten ausgeschnitten und aufgeklebt werden.

Bildungsstandard GS 2:
Die Kinder kennen Regeln, friedlich miteinander umzugehen.

Wie die Sterne am Himmel 1.Mose 15,1–5 und 17,1–9.15–22 (Seite 40/41)

Die Erzählung von Abraham und dem Sternenhimmel kann die Lehrkraft nach 1.Mose 15 und 17 gestalten. In 1.Mose 17, 17 wird erzählt, dass Abraham lacht, als Gott ihm sagt, Sara werde einen Sohn bekommen. Dies sollte die Lehrkraft bei der Erzählung nicht unerwähnt lassen, ist es doch ein weniger bekanntes Detail im Gegensatz zu jenem in der Geschichte vom Besuch der drei Männer in 1.Mose 18. Außerdem wird es noch einmal wichtig bei der Namensbedeutung von „Isaak“.
Zunächst wird mit den Kindern in verteilten Rollen der Text im Schülerbuch gelesen. Danach schreiben sie auf Papiersterne, was sie bzw. Sara und Abraham sich wünschen. Die Sterne werden auf das Wandfries geklebt, dazu ein Stern mit der Aufschrift „Ein Kind“, was den Wunsch Abrahams und Saras darstellt. Unter die Sterne wird eine Abrahamfigur aus Tonpapier geklebt,

deren Kopf mit einer Musterklammer beweglich am Körper befestigt ist, so dass sie zum Sternenhimmel aufschauen kann. Das Bild auf Seite 41 wird mit den Kindern betrachtet. Gemeinsam sprechen sie über den Sternenhimmel, dessen Größe und Weite und von eigenen Erlebnissen.

Liedvorschlag: Weißt du, wie viel Sternlein stehen? (EG 511)

Zur Heftgestaltung

Die Kinder färben eine Seite blau ein und malen mit einem goldfarbenen Gelschreiber viele kleine Sterne auf. Eine Sprechblase wird ausgeschnitten und aufgeklebt. Die Kinder schreiben den Wunsch Saras und Abrahams hinein, in eine weitere Sprechblase können auch eigene Wünsche gemalt oder geschrieben werden. Auf der Seite findet eventuell auch der Text des Liedes „Weißt du, wie viel Sternlein stehen?" Platz.

Fremde Gäste – Sara lacht 1.Mose 18,1–15 und 21,1–8 (Seite 42/43)

Gäste zu haben erleben Kinder im Kreis der Familie. Sie lernen dabei den Umgang mit Menschen außerhalb der Familienbande. Wenn Gäste da sind, wird meist besonders auf Verhaltensregeln geachtet. Kinder laden oft auch Gleichaltrige ein, meist bei Kindergeburtstagen, und erfahren, wie schön es ist, Gäste bewirten zu können, mit ihnen Gemeinschaft zu erleben.
Der Text auf Seite 42 wird nach der Lehrererzählung mit verteilten Rollen gelesen. Anschließend planen die Kinder in Gruppen, was bei einem Besuch von Gästen zu erledigen ist. Dabei kann fächerverbindend zum Sachunterricht ein Tisch stilvoll gedeckt werden, im Rollenspiel kann trainiert werden, wie man professionell serviert und bei einem gemeinsamen Imbiss können Tischmanieren zum Thema werden. Die Gruppen laden sich dabei gegenseitig ein.
Nach der Erzählung des zweiten Teils der Geschichte spielen die Schülerinnen und Schüler den Besuch der drei Männer nach. Als Rollentext können die Seiten 42 und 43 des Schülerbuchs dienen.
Auf das Wandfries wird ein Zelt gemalt, dazu Abraham, Sarah und als Umrissfiguren die drei Männer. Später wird noch eine Isaakfigur dazugeklebt.
Auf die Vorderseite von Kärtchen schreibt die Lehrkraft die Namen der Kinder und auf die Rückseite deren Bedeutung. Die Kärtchen werden mit den Namensbedeutungen nach oben in die Mitte des Stuhlkreises gelegt und die Kinder erraten die dazu passenden Namen. Wer seinen Namen gefunden hat, darf das Kärtchen nehmen. Zum Schluss bleibt ein Kärtchen übrig und die Kinder finden heraus, dass es zu Isaak gehört. Sein Name bedeutet: „Lachen". Die Kinder wiederholen, weshalb Sara und Abraham sich für diesen Namen entschieden haben. Dabei soll neben Saras Lachen auch jenes von Abraham (1.Mose 17, 17) erwähnt werden. Auch die Bedeutung der Namen der Kinder kann thematisiert werden. Gespräche mit den Eltern werden angeregt.
Auf Sprechblasen schreiben die Kinder ein Dankgebet, das Sara und Abraham sprechen könnten. Denn beide haben erfahren: Gott hält sein Versprechen. Die Sprechblasen werden ausgeschnitten und auf das Wandfries geklebt.
Das Wandfries ist damit abgeschlossen und kann im Klassenzimmer oder einer langen freien Wand im Schulhaus aufgehängt werden.

Zur Heftgestaltung

In die Mitte einer Heftseite malen die Kinder ein Baby und drum herum, was es zum Leben braucht. Darüber schreiben sie (bzw. kleben als Textstreifen): Isaak – Gott hält sein Versprechen.

Isaak und Rebekka, Jakob und Esau – Der Weg geht weiter

Isaak war 40 Jahre alt, als er Rebekka, die Tochter Bethuels, zur Frau nahm. Auch Rebekka istwie Sara, zunächst unfruchtbar. So betet Isaak zu dem Gott seines Vaters Abraham und sein Gebet wird erhört. Rebekka bekommt Zwillinge, die im Aussehen und Wesen nicht unterschiedlicher sein könnten. Sie werden zu Ahnherren zweier Völkerstämme. Zuerst wird Esau geboren – der Raue. Und unmittelbar danach Jakob. Seine Hand hält noch Esaus Ferse fest umklammert. Jakob ist gern als Hirte bei den Zelten in der Nähe der Mutter, Esau ist der Jäger, der Liebling des Vaters. Rebekka will, dass Jakob der Erbe wird. Für Isaak ist klar, dass der Erstgeborene, Esau, der Familie vorsteht. Denn so ist es nach dem Brauch dieser Zeit. Da betrügt Rebekka ihren Mann Isaak und Jakob seinen Bruder Esau. Aber nur scheinbar ist Jakob der Sieger. Der Betrüger muss flüchten und hat nichts vom Erbe. Und doch verheißt Gott im Traum von der Himmelsleiter, Jakob in die Fremde zu begleiten. Jakob muss erfahren, wie auch er von seinem Onkel Laban betrogen wird. Schmerzliche Erfahrungen. Und wieder: Rahel, seine Lieblingsfrau, bekommt keine Kinder. Zehn Söhne werden Jakob geboren von Lea, von Leas Magd, von Rahels Magd, bis endlich Rahel den Josef auf die Welt bringt. Rahel stirbt bei der Geburt von Benjamin, ihrem zweiten Sohn. Jakob zieht es zurück in die Heimat. Aber er fürchtet sich vor einer Begegnung mit seinem Bruder. Schuld steht zwischen ihnen. Am Grenzfluss bringt Jakob seine Familien und Herden hinüber auf die andere Seite. Er selber bleibt zurück. Er kämpft mit Gott und seinem schlechten Gewissen, seiner Angst, seiner Schuld. Durch diesen Kampf wird er zum Gottesstreiter (Israel). Sein Weg aber muss auf Esau zugehen. Der Bruder kommt mit 400 Mann – jedoch friedlich. Er umarmt seinen Bruder und vergibt ihm mit großer Leichtigkeit. Und Jakob muss gestehen, in Esau Gottes gütiges Gesicht zu sehen. So gehen sie in Frieden auseinander. Das Land ist groß genug für beide.

Gespräche vor dem Zelt 1.Mose 24 und 25,19–26 (Seite 44/45)

Für das Nachspielen der Szene auf Seite 44 und das Herausarbeiten der Unterschiede von Jakob und Esau können die Schülerinnen und Schüler flache Stabpuppen anfertigen. Jeder gestaltet eine Figur. Die Lehrkraft gibt Umrissfiguren vor, die als Schablonen dienen und doppelt auf Pappe übertragen und ausgeschnitten werden. Die Flachpuppe wird mit Stoffresten beklebt, wobei für die Jakobfigur eher weiche Stoffe verwendet werden, für die Esaufigur eher raue Textilien wie zum Beispiel Rupfen. Zwischen die Pappteile wird ein Holzstab geklebt. Kinder, die ihre Figur gestaltet haben, können eine Kulisse anfertigen, wenn die Figur von oben geführt werden soll. Möglich wäre auch, im Zimmer ein Leintuch zu spannen und die Stäbe unten an der Figur anzubringen, so dass sie wie beim Handpuppenspiel von unten geführt werden. Je nach Mobiliar ist es auch möglich, zwei Schülertische aufeinander zu stellen (den oberen Tisch evtl. gekippt aufstellen!) und mit einem Tuch zu bedecken. Dahinter kann ebenfalls gespielt werden.
Während der Rollentext für Isaak und Rebekka dem Buch entnommen werden kann, überlegen sich die Kinder für Esau und Jakob eine Szene in Partnerarbeit. Wenn die Lehrkraft 1.Mose 25,27–28 so anschaulich erzählt hat, dass die Charaktere der beiden Brüder deutlich zum Vorschein kamen, dann haben die Kinder genügend Anregungen für das Entwickeln eigener Szenen. Hilfreich ist auch, auf eigene Geschwistererfahrungen der Kinder hinzuweisen, die mit den Erfahrungen von Jakob und Esau verglichen werden können.
Anstatt der Stabfiguren können auch Tonpapierherzen gefertigt werden, wie sie aus Lebkuchenteig auf Jahrmärkten angepriesen werden. Auf einem Herz steht „Mamas Liebling“ auf dem anderen „Papas Liebling“. Zwei Kinder hängen sich die Herzen um und erzählen, welche Vorzüge sie jeweils genießen. Ebenso ist ein Rollenspiel mit Vater, Mutter und den beiden Kindern möglich. Dabei können dann Konflikte zur Sprache kommen, die bei Bevorzugung von Kindern auftauchen.

Zur Heftgestaltung

Die Kinder erhalten ein Arbeitsblatt, auf dem Jakob und Esau als Umrissfiguren zu sehen sind. Sie werden ausgeschnitten, ins Heft geklebt und grafisch gestaltet. Mit einem schwarzen Stift zeichnen die Kinder Strichmuster für die starke Behaarung Esaus, auch die Kleider der beiden Brüder werden gemustert gezeichnet. Aus dem Arbeitsblatt werden des Weiteren verschiedene Attribute der beiden ausgeschnitten und der jeweiligen Figur zugeordnet. So gehören zu Esau beispielsweise ein totes Wild, ein Köcher mit Pfeilen und zu Jakob ein Kochtopf und Schafe.

Zu dieser Abbildung gibt es eine Kopiervorlage auf Seite 56.

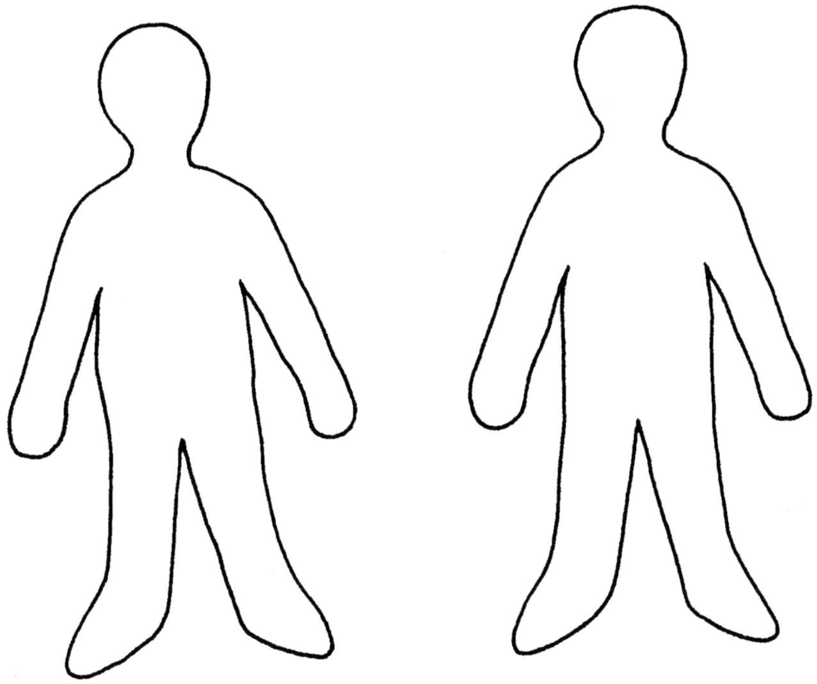

Zeichne eine Tabelle in dein Heft und ordne die Gegenstände (nächste Seite) zu!

Esau	Jakob

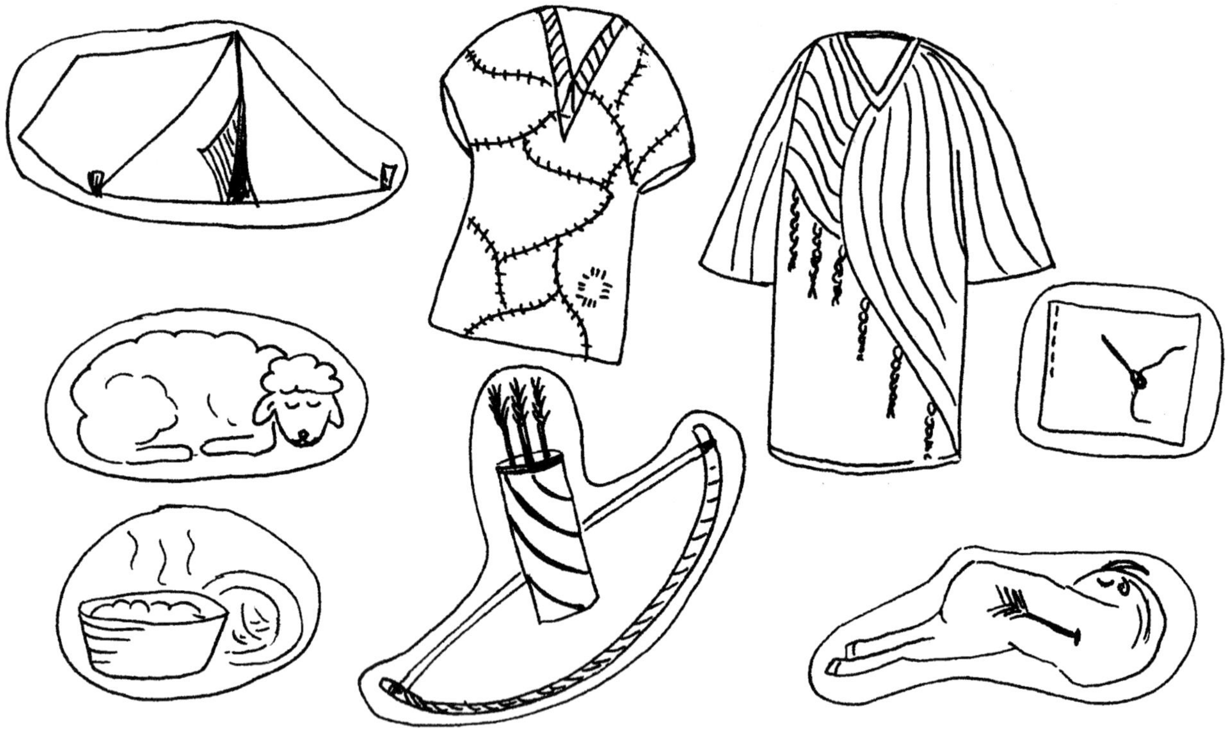

Jakob der Betrüger 1.Mose 25,29–34 und 27,1–45 (Seite 46/47)

Um Kinder die Erzählung vom Linsengericht sinnenhaft erleben zu lassen, bringt die Lehrkraft in einer Thermoskanne rote Linsensuppe mit. Rote Linsen gibt es in türkischen und asiatischen Lebensmittelgeschäften wie auch in einigen Supermärkten. Die Suppe wird dick zubereitet, indem sie lange bei schwacher Hitze gekocht wird. Zu biblischen Zeiten bestand sie aus Weizen, Gerste, Kichererbsen, dicken Bohnen und Linsen, dazu einigen Kräutern oder Gemüse und Salz. Da die Rezeptur im Einzelnen heute nicht mehr bekannt ist, lässt sich als Ersatz auch eine einfache rote Linsensuppe kochen.
Religionsstunden liegen häufig in der letzten Unterrichtsstunde am Vormittag. So können die Kinder das Hungergefühl Esaus sicher gut nachvollziehen. Während die Lehrkraft Jakob spielt, schlüpfen sie in die Rolle Esaus und betteln um Linsensuppe. Die Lehrkraft betont die Bedeutung des Erstgeburtsrechts und verteilt erst die Suppe, nachdem Esau versprochen hat, darauf zu verzichten. *(Anmerkung: Das Erste ist immer das Angeld des Ganzen. Durch die Darbringung des Ersten wird das Ganze geweiht. Wenn Israel seine Erstlingsgaben opferte, erkannte es an, dass alles dem Herrn gehört. Erst nach der Darbringung der Erstlingsopfer durften die Israeliten von den neuen Erträgen des Landes genießen… Der Erstgeborene steht stellvertretend für das ganze Volk. In ihm ist Israel als Volk Gott geweiht. Auch hier gilt, dass das Erste immer Angeld des Ganzen ist. Die hohe Sonderstellung der Erstgeborenen kommt außerdem auch in der Bestimmung zum Ausdruck, dass der Erstgeborene als Erstling der Kraft doppelten Anteil am väterlichen Erbe erhält. Aus: Lexikon zur Bibel CD-ROM)*
Nachdem die Suppe gegessen wurde, können die Kinder vermuten, welchen Vorteil es für Jakob nun bringen könnte, das Erstgeburtsrecht zu besitzen. Die Lehrkraft erzählt vom erschlichenen Segen und lässt die Kinder das Verhalten Jakobs kommentieren. Dabei können diese eigene Beispiele erzählen, wie sie schon einmal reingelegt wurden und wie sie reagiert haben. Die Lehrkraft regt zur Diskussion an, indem sie die provokative Frage aufwirft, ob Jakob seinen Bruder tatsächlich betrogen hat, kaufte er ihm doch das Erstgeburtsrecht durch eine immerhin selbst gekochte Linsensuppe ab. Die Kinder entwickeln hier ein starkes Gerechtigkeitsempfinden, da sie in ihrem Umfeld vergleichbare Situationen erleben.
Der Inhalt des Wortes „Segen“ ist den meisten Kindern fremd. Sie haben vage Ahnung davon, dass es sich dabei um etwas Gutes handeln muss, kommt dieser Begriff in dem bekannten Geburtstagslied „Viel Glück und viel Segen“ vor.
Zur Klärung gestaltet die Lehrkraft mit den Kindern das Lied „Gott, dein guter Segen ist wie ein großes Zelt“ mit Gesten und Bewegungen. Damit spürt sie dem Begriff nach und lässt die Kinder die Bilder ausdeuten. Die Bilder des Liedes können später auch ins Heft gemalt werden und Anlass für weiterführende Gespräche mit der Klasse werden.

Gott, dein guter Segen ist wie ein großes Zelt,
hoch und weit, fest gespannt über unsre Welt.
Guter Gott, ich bitte dich:
Schütze und bewahre mich.

Lass mich unter deinem Segen leben
und ihn weitergeben.
Bleibe bei uns alle Zeit,
segne uns, segne uns, denn der Weg ist weit.

Weitere Strophen und Noten in: „Heut ist ein Tag, an dem ich singen kann“, Rechte: Menschenkinder Musikverlag, Münster
Text: Reinhard Bäcker, Musik: Detlev Jöcker aus: Das Liederbuch zum Umhängen 1 © Menschenkinder Verlag u. Vertrieb GmbH, Münster

Für die Kinder ist es nun spannend, wie Esau reagiert, nachdem er erfährt, dass Jakob ihn reingelegt hat. Zunächst kann eine Szene von den Kindern gespielt werden. Danach lesen die Kinder in verteilten Rollen Seite 46 im Schülerbuch. Dabei erfahren sie noch einmal, dass Jakob Rebekkas Lieblingssohn war. Auch über das Thema „Lieblingskind" kann sich eine Diskussion anschließen.

Zur Heftgestaltung

Das Wort „Segen" wird in bunten Farben ins Heft geschrieben, dazu malen die Kinder Bilder aus dem oben genannten Lied, die ihnen wichtig geworden sind. Die Lehrkraft hat verschiedene Segenssprüche (z. B. von Psalmen aus Irland) vorbereitet, aus denen die Kinder auswählen und einen davon ins Heft kleben können.

Weitere Lieder/Materialien/Anregungen:
Lieder: Segne uns, o Herr (EG 581 BEL)
Segne und behüte (EG 580 BEL)

Jakob auf der Flucht 1.Mose 28,10–19 (Seite 48/49)

Im Sitzkreis erzählt die Lehrkraft die Geschichte und unterbricht an der Stelle, als es Abend wird und Jakob eine Schlafstätte sucht. Sie lässt die Kinder im Freien Steine suchen oder verteilt welche und lässt darauf schreiben, was den Kindern Angst macht. Dazu hat sie zuvor ausführlich von Jakobs Angst erzählt.
Die Kinder legen die beschrifteten Steine vor sich auf den Boden. Die Lehrkraft erzählt weiter und verteilt Leitern aus Tonpapier, an denen oben eine Wolke oder ein Dreiecksymbol für Gott klebt. In diese Wolke schreiben die Kinder, was Gott Jakob verspricht: Schutz, Begleitung, Hilfe. Diese Leitern werden zu den Steinen gelegt. Alternativ können die Steine auch in die Mitte gelegt und zu einem Altar aufgeschichtet werden und die Kinder erhalten Sprechblasen, in die sie ein Dankgebet schreiben.
Zur Festigung wird der Text auf Seite 48 gelesen, das nebenstehende Bild betrachtet und der Stein unter Jakobs Kopf auf das Buch gelegt.

Zur Heftgestaltung

Steine aus Tonpapier werden wie die echten Steine beschriftet und mit der Tonpapierleiter ins Heft geklebt. Dazu kann ein Rätsel gelöst werden. Das entsprechende Arbeitsblatt kann auch statt der Leiter aus Tonpapier verwendet werden.

Wie hieß der Ort, von dem Jakob weg ging?

Vor wem flüchtete Jakob?

Was erlebte Jakob im Schlaf?

Wo wohnte Jakob Onkel?

Wer stieg auf der Leiter auf und ab?

Wie heiß Jakob Onkel?

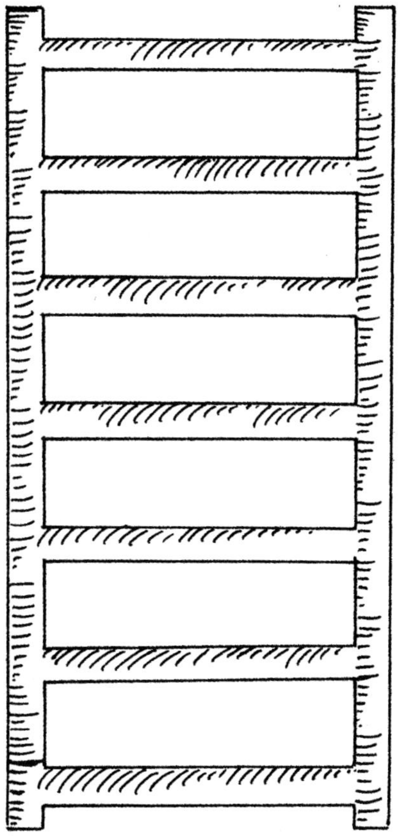

Trage die Antworten in die Leiter ein. Die Anfangsbuchstaben von oben nach unten gelesen verraten die den Ort, an dem Jakob träumte.

Die Lösung lautet: **B**eerscheba, **E**sau, **T**raum, **H**aran, **E**ngel, **L**aban: Bethel

Weitere Anregungen:
Der Lernvers aus Psalm 103,8 wird auf Karten geschrieben, die wie eine Treppe angeordnet werden, die bis zum Wort „Herr“ aufwärts, dann wieder abwärts führt. Für das Wort „Herr“ wird dasselbe Symbol wie für das Bodenbild verwendet, also ein Dreieck oder eine Wolke. Es bildet genau die Mitte der 11 Wörter des Bibelverses, insofern lässt sich die Treppe symmetrisch gestalten.

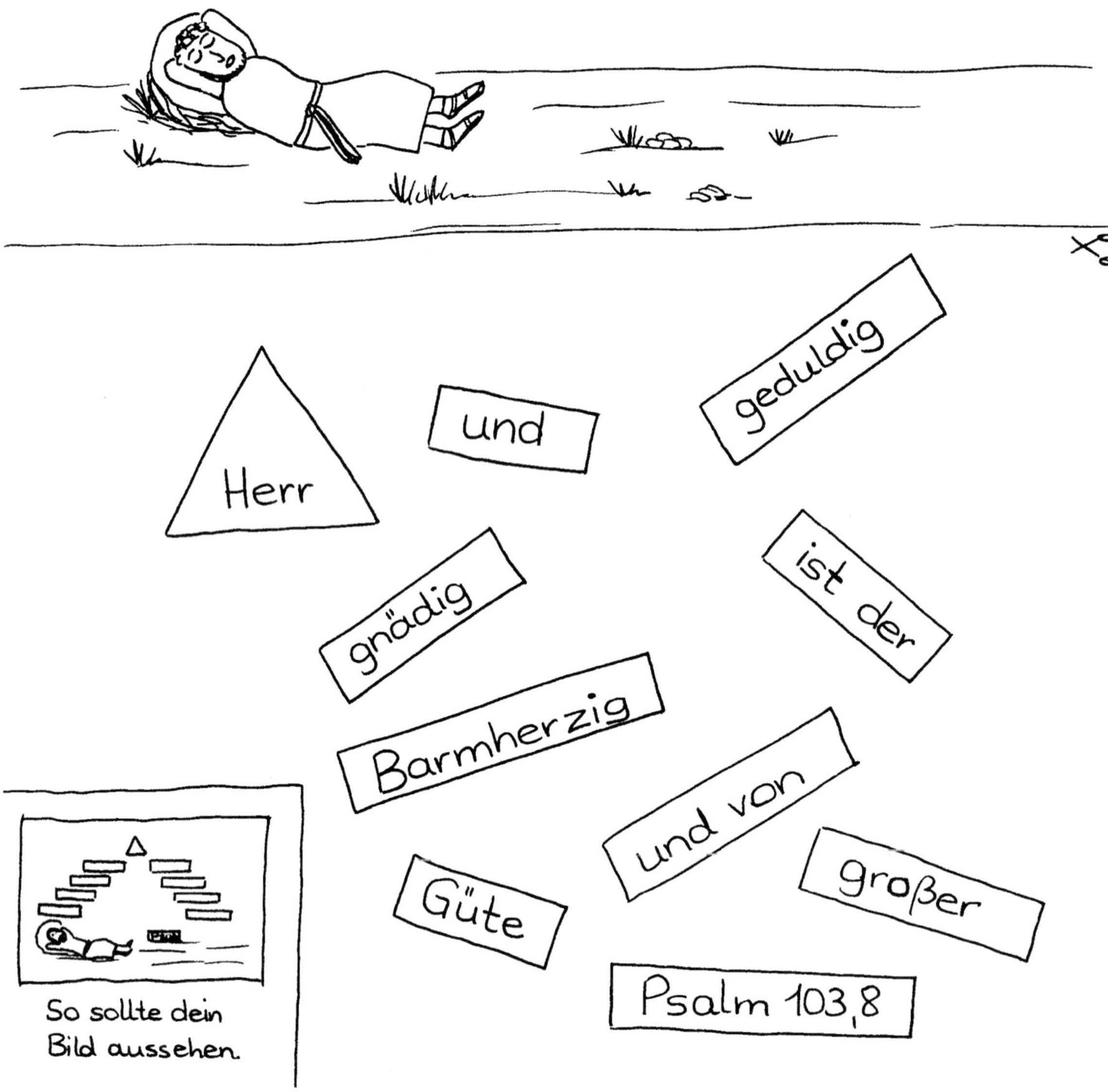

Jakob der Gottesstreiter 1.Mose 32,23–33 (Seite 50/51)

Die Geschichte Jakobs mit den beiden Frauen wird von der Lehrkraft ausführlich erzählt, ebenso Jakobs Wunsch nach Rückkehr.
Der Kampf am Jabbok sollte ebenfalls erzählt werden, wobei es der Lehrkraft überlassen bleibt, diese geheimnisvolle Geschichte ausführlich darzustellen oder schlicht zu skizzieren. Es sollte aber ausgehalten werden, dass uns in dieser Geschichte auch ein rätselhafter Gott begegnet. Auch für Kinder ist es wichtig, dass sie die geheimnisvollen Seiten Gottes akzeptieren lernen und diese nicht von der Lehrkraft wegerklärt werden.

Zur Heftgestaltung

Die Wende Jakobs wird durch eine Klappfigur veranschaulicht. Die Schülerinnen und Schüler erhalten ein Arbeitsblatt mit den Vorlagen zum Ausschneiden und kleben sie ins Heft. Dazu werden die Wortkärtchen auf die entsprechende Seite geklebt. Die Kinder zeichnen das Gesicht Jakobs mit der passenden Mimik vor und nach der Begegnung mit Gott.
Die Kinder vermuten, wie Esau nun reagiert, als er hört, Jakob kommt zurück. Als Ergänzung wird Seite 51 mit den Schülerinnen und Schülern gelesen. In Partnerarbeit überlegen sich die Kinder eine darstellende Szene und spielen diese in der Klasse vor. Möglich ist auch, das Bild zu betrachten und Überlegungen zu äußern, wie die Geschichte weiter geht. Die Kinder berichten von eigenen Erlebnissen von Streit und Versöhnung.

Gott macht Jakob anders

Ausschneideblatt

ist mutlos

ist zuversichtlich

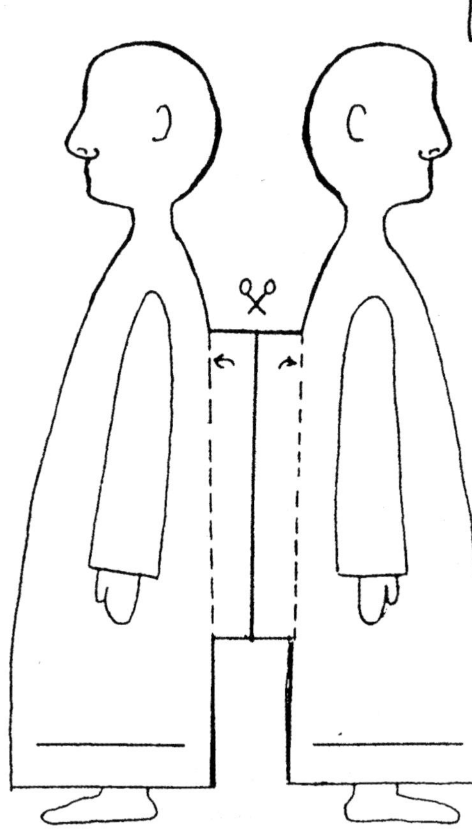

fürchtet sich

sorgt sich

ist ruhig

ist froh

Zur Heftgestaltung

Die Kinder umfahren ihre Hand auf einem Blatt Papier zweimal und schneiden sie aus. Auf beide Papierhände schreiben sie ihren Namen und tauschen dann eine Hand mit einem Mitschüler oder einer Mitschülerin aus, mit dem oder der sie sich künftig vertragen wollen oder mit dem oder der sie einmal Streit hatten. Jeder erhält so eine neue Papierhand. Beide Hände lassen sich ineinander schieben und werden ins Heft geklebt. Überschrift: Versöhnung.

Jakob trauert um Rahel 1.Mose 35,16–20 (Seite 52/53)

Im Unterrichtsgespräch wird das Thema „Tod" thematisiert. Die Kinder erzählen von Menschen oder Tieren, um die sie trauern, die ihnen viel bedeutet haben. Sie bringen einen Stein mit, auf den sie den Namen einer Person oder eines Tieres schreiben, an die sie denken möchten. Diesen Stein legen sie neben den Stein Jakobs in der Abbildung. Sie lesen das Gebet Jakobs und setzen möglicherweise an die Stelle „Rahel" den Namen ihres geliebten Menschen oder Tieres ein. Der Text ist bewusst so formuliert worden, dass nicht für einen Verstorbenen gebetet, sondern die Bitte um Trost geäußert wird.
Die Bedeutung von Grabsteinen und ihrer Symbole kann im Unterrichtsgespräch aufgenommen und besprochen werden. Auch ein Lerngang zum örtlichen Friedhof bietet sich an, will man das Thema – vielleicht aus aktuellem Anlass –- vertiefen.
Anregen will diese Doppelseite allerdings zum meditierenden Innehalten. Das Gebet des Jakob kann durch ein Segenslied ergänzt werden: Auch in der Trauer wird er von Gott gehalten, darf sich an Gott halten.
Für die Kinder soll hier Raum geschaffen werden, ihrer Trauer Ausdruck zu geben oder einem Verlust, einem Versagen ...
Gespräch und behutsames Aufnehmen in Meditation und Gebet können so den Kindern helfen, Orte und Ausdrucksformen für eigene Anliegen zu entwickeln.

Die Josefsgeschichte

Die Josefsgeschichte gehört zu den weisheitlichen Lehrerzählungen. Sie ist im Unterschied zu den Abraham- und Jakoberzählungen „nicht eine Komposition von vielen ehedem selbständigen Einheiten..., sondern thematisch viel geschlossener und eindeutiger. Auch sie rollt ein mächtiges Gemälde ganz weltlicher Irrungen, eine Abfolge sich verschärfender Konflikte auf." (Gerhard von Rad, Theologie des Alten Testaments, München: Chr. Kaiser Verlag 1987. Ausführlicher über die Theologie der Josefsgeschichte: Gerhard von Rad, Die Josefsgeschichte, Bibl. Studien, Heft 5/1954)
Jakob kann nicht aus seiner Haut. Wie er einst der Liebling der Mutter war, so wird jetzt Josef zu seinem Liebling. Sicher sieht er in Josef seine Lieblingsfrau wieder und er bevorzugt ihn gegenüber den anderen Kindern. Während diese Hirtengewänder tragen, schenkt er ihm den Mantel des Herren. In Träumen unterstreicht Josef seine Führungsrolle gegenüber den viel älteren Brüdern. Er wird zum Kontrolleur seiner Brüder und „hinterbrachte dem Vater alles, was sie tun". Die Brüder rächen sich und verkaufen Josef in die Fremde. Nun beginnt ein Auf und Ab. Von oben kommend wird er in die Zisterne geworfen, in die Tiefe. Als Sklave zieht er nach Ägypten, steigt auf zum Verwalter von Haus und Hof eines ägyptischen Beamten. Er fällt tief und wird ins Gefängnis geworfen, um dann aufzusteigen zum zweiten Mann in Ägypten. Als dieser begegnet er seinen Brüdern wieder. Nun tatsächlich als Herr. Im Rückblick auf sein Leben versteht Josef, dass Gott ihn begleitet hat, gerade auch auf den Wegen in die Tiefe. „Ihr habt es böse mit mir gemeint, aber Gott meinte es gut mit mir." Im Land Gosen, im Nildelta siedeln nun die Beduinenstämme des Patriarchen Jakob unter dem Schutz von Josef. „So zeigt die Josefsgeschichte wie die in ihr handelnden Personen durch Leiden geläutert werden. Unter dem Eindruck der rettenden Führung Jahwes vergibt Josef seinen Brüdern; aber auch sie, die Brüder, sind – das haben die verwegenen Erprobungen durch Josef deutlich gezeigt – inzwischen andere geworden." (G.von Rad, siehe oben)

Josef, der Liebling des Vaters 1.Mose 37, 1–4 (Seite 54/55)

Mit der Person Josefs können sich Kinder recht gut identifizieren, denn Angeberei, Verachtung, Bevorzugung kennen sie aus ihrem eigenen Umfeld. Die Lehrkraft erzählt vom Leben in der Großfamilie Jakobs und der Bevorzugung Josefs durch den Vater. Sie lässt die Kinder vermuten, wie die Brüder Josefs wohl reagieren und schildert ihren Neid. Die Szene kann nachgespielt werden. Das Lied „Der Josef hat viel mitgemacht" (Liederbuch für die Jugend Nr. 434) wird begleitend zu der Einheit gesungen, wobei sukzessiv eine weitere Strophe eingeführt wird.

Zur Heftgestaltung

Die gesamte Josefs-Einheit wird von den Kindern als Josefsbuch oder -leporello gestaltet. Letzteres stellt anschaulich den Weg Josefs als Auf und Ab dar. Dazu fertigt die Lehrkraft Kopien an, die überwiegend noch keine Überschriften enthalten. So können die Kinder diese entweder selbst dazuschreiben oder die Lehrkraft ergänzt sie vor dem Anfertigen der Kopien. (Die Vorlagen zum Kopieren und Vergrößern auf DIN-A5 sind auf Seite 41ff. im Lehrerheft eingefügt!)

Für die erste Seite des Josefsbuchs kleben die Kinder ein Zelt auf ein weißes DIN-A5-Blatt auf. Um das Zelt werden ausgeschnittene Tiere geklebt oder Tiere gemalt. Überschrift: *Josef bei den Tieren.* (Seite 41, Bild 1)
Auf der zweiten Seite wird Josefs Kleid (Bild 2) mit Mustern versehen. Von der Lehrkraft erhalten die Kinder silber- oder goldfarbenes Geschenkband zum Aufkleben und Verzieren des Kleides. Überschrift: *Jakob schenkt Josef ein schönes Kleid.*

Josefs Träume 1.Mose 37,5–11 (Seite 56/57)

Bevor die Lehrkraft von den Träumen Josefs erzählt, betrachten die Kinder das Bild auf Seite 57 und stellen Vermutungen an. Danach erzählt die Lehrkraft beide Träume Josefs, wobei sie am besten das Bild einer Ährengarbe oder einen echten Getreidehalm mit Ähre mitbringt. Ansonsten genügt auch das Bild auf Seite 56, da nicht alle Kinder etwas mit diesem Begriff anfangen können.
Auf eine Wolke aus weißem Papier malen die Kinder einen Traum, den sie selbst einmal hatten und erzählen in der Klasse davon. Wenn die Kinder zustimmen, werden die Wolken auf ein blaues Plakat aus Tonpapier geklebt und im Klassenzimmer aufgehängt. Hier sollte unbedingt nachgefragt werden, da Träume doch etwas sehr Persönliches sind. Auch das Aufmalen von Träumen sollte freiwillig geschehen. Alternativ können die Kinder einen Wunschtraum malen.

Zur Gestaltung des Josefbuchs

Die dritte Seite zeigt zwei Wolkenumrisse. Die Abbildung des Traums von Sonne, Mond und Sternen zeigt Josef in der Mitte, dem die Kinder einen Gesichtsausdruck malen. Den Traum von den Ähren malen die Kinder in die obere Wolke.
Überschrift: *Josef träumt von Garben und Gestirnen.* (Bild 3)

Josef in der Tiefe 1. Mose 37,12–36 (Seite 58/59)

Nach der Erzählung durch die Lehrkraft spielen die Kinder die Gefühle Josefs mit Orff- Instrumenten nach. Die Lehrkraft oder ein Kind liest vorweg den Text auf Seite 58. Das Gebet Josefs sprechen alle Kinder als Abschluss des Klangbildes gemeinsam und lernen es mit Bewegungen auswendig.
Dazu setzen sich alle in die Hocke und formen mit den Händen einen Trichter vor dem Mund. Bei „Höre meine Stimme" legen die Schülerinnen und Schüler die Hände an die Ohren und erheben sich aus der Hocke.

Aus der Tiefe rufe ich, Gott, zu dir.
Höre meine Stimme. Ich hoffe auf dich.
Nach Psalm 130

Auf Denkblasen schreiben die Kinder ein Wort oder einen Satz zum Bild auf Seite 58 und legen es dazu.
Gemeinsam wird das Bild auf Seite 59 betrachtet. Die Kinder stellen Vermutungen an, was mit Josef weiter geschieht. Die Pyramiden deuten an, dass es nach Ägypten geht. Von der Karawane lässt sich darauf schließen, dass Josef an Händler verkauft wurde. Nach der Erzählung durch die Lehrkraft überlegen die Kinder, was die Brüder unternehmen, nachdem sie Josef verkauft haben.
Sie spielen die Szene, wie die Brüder zu ihrem Vater zurückkehren. Interessanterweise fantasiert Jakob selbst, dass Josef ein wildes Tier zerrissen haben könnte, nachdem die Brüder ihm das blutige Gewand Josefs bringen.

Zur Gestaltung des Josefbuchs

Auf der vierten Seite wird eine Zisterne abgebildet (Bild 4), deren Loch von den Kindern ausgeschnitten wird. Die Joseffigur wird auf festen Karton kopiert, ausgeschnitten und mit einem Faden um das Handgelenk versehen. An diesem „Seil" wird Josef in die Zisterne gelassen. Überschrift: Josef in der Grube
Eine weitere Seite wird zum Weg Josefs nach Ägypten gestaltet. Auf dem Arbeitsblatt (Bild 5), das die Kinder erhalten, ist am rechten Seitenrand eine Pyramide abgebildet, am linken Seitenrand sind die Brüder Josefs angedeutet. Dazwischen verläuft ein Weg. Die Kinder sollen die im Buch gezeichnete Karawane auf diesen Weg zeichnen. Überschrift: *Josef wird verkauft. Er kommt nach Ägypten.*

Aufstieg und Abstieg 1.Mose 39 und 40 (Seite 60/61)

Die Geschichte Josefs im Haus des Potifar ist für Lehrkräfte nicht immer einfach zu erzählen, da die Kinder bei zu drastischer Schilderung aus Verlegenheit kichern. Deshalb ist Behutsamkeit gefragt. Es bietet sich an, das Bild auf Seite 60 des Schülerbuchs

mit den Kindern zu betrachten und so die Geschichte zu entfalten. Die Redewendung „ein Auge auf jemanden werfen" kennen auch schon Erstklässler, was in dem Bild zum Ausdruck kommt.
In der Lehrererzählung sollte der Schwerpunkt darauf gelegt werden, dass Josef Unrecht geschieht, weil Potifars Frau die Unwahrheit sagt. Eine solche Situation können Kinder ebenfalls erleben.

Zur Gestaltung des Josefbuchs

Eine Möglichkeit ist, ein Stück Stoff als Vorhang auf ein Blatt zu kleben und dahinter Potifars Frau zu malen, ähnlich wie das Bild im Buch. Überschrift: *Josef in Potifars Haus.*
Die Kinder überlegen, was mit Josef weiter geschieht. Die Lehrkraft erzählt vom Pharao, dem mächtigen Herrscher in Ägypten und seinen Bediensteten. Die Aufgaben des Mundschenken sollte sie dabei besonders herausstellen, da diese Berufsbezeichnung den Kindern normalerweise fremd ist.
Wiederum geht es um Träume. Hier kann nochmals der Bezug zu eigenen Träumen hergestellt werden.
Die nächste Seite zeigt ein Gefängnis von außen (Bild 6). Ins Fenster mit den Gitterstäben wird von den Kindern der Kopf Josefs gemalt. Um die Gitterstäbe plastisch hervortreten zu lassen, können Wollfäden aufgeklebt werden. Das Blatt wird an den linken Rand der nächsten Seite geklebt, so dass es aufklappbar ist. Im Inneren sieht man die Gefängniszelle mit dem Bäcker und dem Mundschenk. Die Kinder zeichnen in die Denkblasen die Träume beider (Bild 7).
Überschrift: *Josef ist im Gefängnis. Er deutet den Traum des Mundschenks und des Bäckers.*
Die Lehrkraft erzählt von der Erfüllung des Traumes und dem Mundschenk, der Josef vergisst. Im Unterrichtsgespräch erzählen die Kinder von eigenen Erlebnissen, als sich jemand nicht mehr an sie erinnert hat oder sie in einer Situation vergessen wurden. Auf diese Weise können sie die Gefühle Josefs nachvollziehen. Wichtig bleibt aber, dass Josef voll Hoffnung an seinem Gott festhält. Von Resignation erzählt die Bibel nichts. Das wird auch in der nächsten Szene deutlich.

Der Traum des Pharao 1.Mose 41,1–45 (Seite 62/63)

Interessanterweise hat der Traum des Pharaos denselben Gegenstand zum Inhalt wie einst einer der Träume Josefs.
Die Szene zwischen dem Pharao und Josef kann von den Kindern anhand des Textes auf Seite 63 gespielt werden, wobei die Charaktere deutlich hervortreten können. Für Josef bezeichnend ist, dass er nicht seine eigenen Künste hervorhebt, sondern auf Gott verweist. Dies sollte im Spiel ebenfalls betont werden.

Zur Gestaltung des Josefbuchs

Auf der nächsten Seite wird eine Kette aufgemalt, die Josefs Aufstieg symbolisieren soll. Die Kinder bemalen die Perlen der Kette mit bunten Mustern. Überschrift: *Josef wird zweiter Pharao.* (Bild 8)

Begegnung mit seinen Brüdern 1.Mose 42–45 in Auswahl (Seite 64/65)

Hungersnöte kennen Kinder aus dem Fernsehen und aus Zeitschriften. Im Unterrichtsgespräch sollte darüber geredet werden, wie es zu solchen Nöten kommt und was getan werden kann, um Menschen zu helfen. Vielleicht gibt es in der Schule bereits ein Projekt, mit dem hungernden Kindern geholfen wird. Von verschiedenen Organisationen können ansonsten Informationen eingeholt werden, und vielleicht lässt sich sogar eine konkrete Maßnahme mit den Kindern ergreifen.
Die Lehrkraft erzählt von der Hungersnot zur Zeit Josefs und der Reise seiner Brüder nach Ägypten. Der Text im Buch fasst das Geschehen der beiden Reisen zusammen.

Zur Gestaltung des Josefsbuchs

1. Vorschläge für die Gestaltung des Josefsbuch werden gemeinsam besprochen. Auf eine Denkblase malen oder schreiben die Kinder was Josef denkt, als er seine Brüder sieht. Diese wird ausgeschnitten und zum Bild im Schülerbuch gelegt. Die Kinder sollen erkennen, dass Josef zunächst anders handelt, als er fühlt. Das Bild im Buch gibt auch Anlass dazu, einige Namen der Brüder Josefs zu wiederholen. Für das Josefsbuch kopiert die Lehrkraft das Bild auf Seite 64 im Schülerbuch im entsprechenden Format. Die Kinder kleben ihre Denkblasen auf. Überschrift: *Josefs Brüder kommen nach Ägypten.*
2. Auf die nächste Seite wird aus Rupfen (= Stoff mit grober Struktur) ein Sack geschnitten und aufgeklebt. Daneben werden Geldmünzen in Frottagetechnik (Münze unterlegen und mit dem Bleistift darüber reiben) abgebildet. (Die Brüder finden ihr Geld auf der Rückreise wieder in ihren Säcken). Überschrift: *Die Brüder finden auf dem Heimweg das Geld in ihren Säcken.*
3. Die Kinder bekommen als Arbeitsblatt das Bild 9, auf dem der Becher Josefs zu sehen ist. Sie malen ihn mit silberner Farbe (oder Bleistift) an. Überschrift: *Der silberne Becher Josefs findet sich in Benjamins Sack.*

1

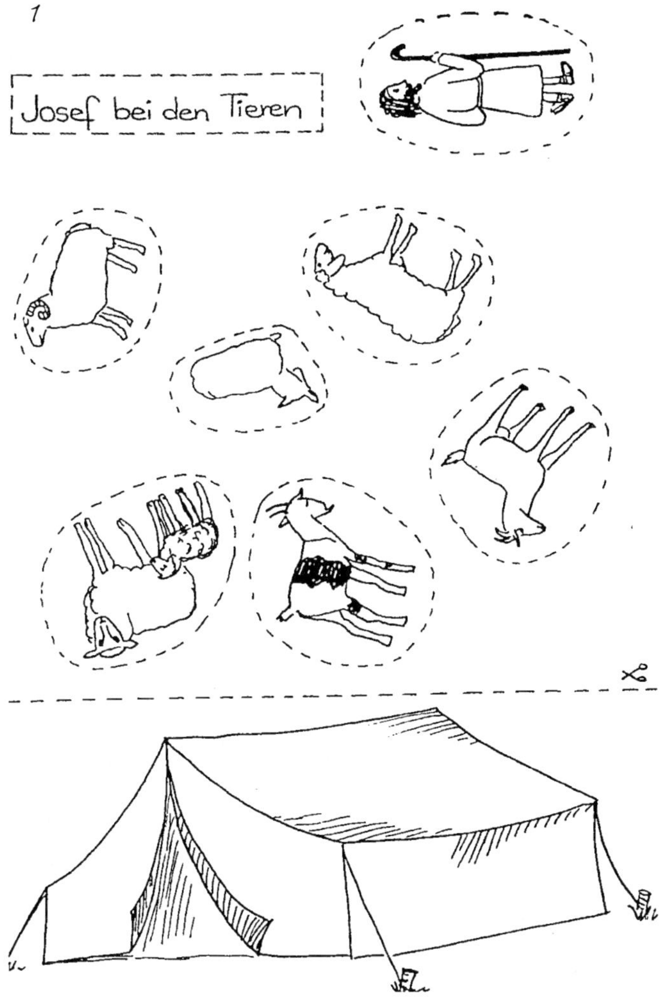

2

3

4

5

6

7

8

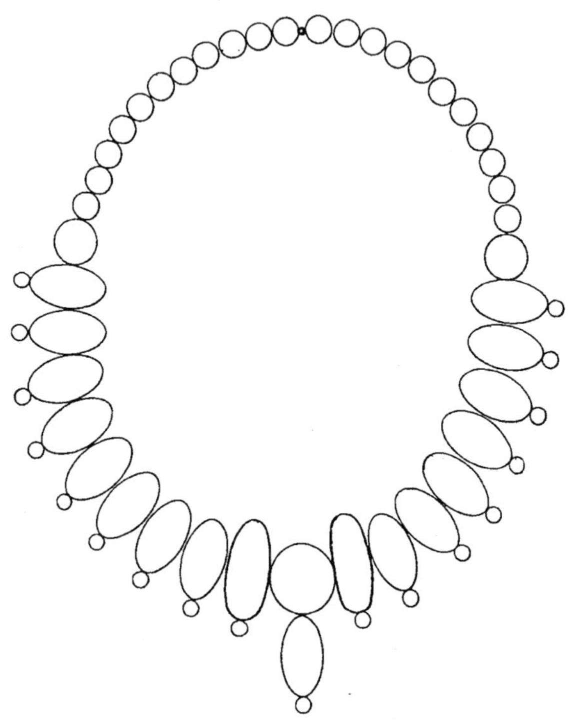

9

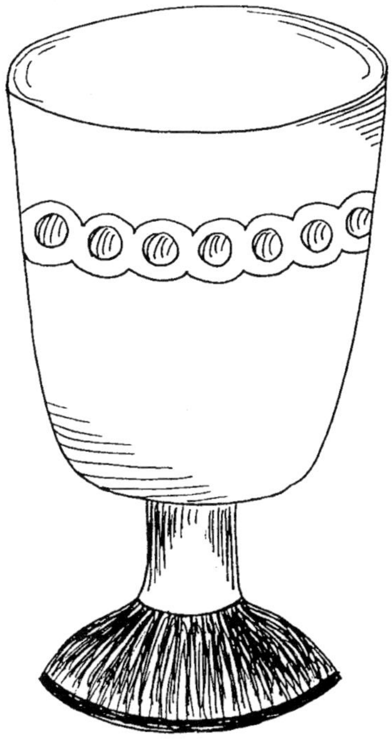

10

4. Als Schluss der Josefseinheit erzählt die Lehrkraft von der Reise Jakobs nach Ägypten und der Begegnung mit Josef, wie auch von der endgültigen Versöhnung mit den Brüdern. Dazu erhalten die Schülerinnen und Schüler als Arbeitsblatt das Bild 10, auf dem Jakob und Josef ohne Gesichter abgebildet sind. Um sie herum stehen die Brüder. Die Kinder malen die passenden Gesichtsausdrücke. Überschrift: *Jakob kommt nach Ägypten.*
5. Auf die Rückseite des Blattes kleben die Kinder eine Papierhand, für die sie ihre Hand auf Papier umfahren und ausschneiden. In die Hand schreiben sie den Lernvers 1.Mose 50,20 : Ihr hattet zwar Böses mit mir vor, aber Gott machte es gut. Überschrift: *Die Brüder versöhnen sich.*
6. Für die Fertigstellung des Josefsbuchs wird nun noch das Deckblatt gestaltet. Dies kann aus stärkerem Papier sein. Darauf schreiben die Kinder in großen, dicken Buchstaben das Wort „Josef" und gestalten die Seite aus.

Zum Schluss werden alle Seiten des Josefsbuchs aufeinander gelegt, gelocht und mit einem Wollfaden zusammengebunden. Der Lehrkraft sei empfohlen, während der gesamten Einheit die Blätter des Buches zu nummerieren, sowie nach der einzelnen Fertigstellung stets einzusammeln und aufzubewahren, da sonst nach einigen Religionsstunden doch Blätter verloren gehen könnten. Das Lochen der Blätter sollte erst am Ende geschehen, damit die Löcher exakt aufeinander zu liegen kommen.
Für ein Leporello werden die Seiten einfach aneinander geklebt und im Zickzack gefaltet.

Kapitel 4: Wir glauben

Im Glaubensbekenntnis 3. Artikel heißt es: ich glaube an den heiligen Geist, die heilige christliche Kirche...
In Gemeinschaft stärken wir uns gegenseitig und werden gestärkt. Wenn wir vom Wirken der Kraft Gottes reden, dann nennt die Bibel das den Heiligen Geist
Formen und Orte der Gemeinschaft, in denen gebetet und gefeiert wird, in denen Zeichen der Zuwendung Gottes (Sakramente → Taufe) erlebt werden, werden thematisiert.

Das Kirchenjahr ist ein Erinnerungsfestkreis, der uns an die großen Zuwendungen Gottes erinnert:

Erntedank →	Schöpfung, Bewahrung, aber auch Auftrag
Advent und Weihnachten →	Jesus – Gott kommt zu uns, Dunkles wird hell
Passion und Ostern →	Neuanfang, neues Leben; „Tod“ wird auch in Erfahrungen wie Niederlage, Einsamkeit, Abgelehnt sein überwunden
Pfingsten →	Gemeinschaft der Heiligen, d. h. aller Christen feiern, sich für Frieden einsetzen, im Feiern etwas vom Frieden Gottes erahnen; Orte solchen Erlebens schaffen

Unsere Kirche (Seite 66/67)

Obwohl viele Kirchen nach wie vor unübersehbar in den Dörfern und Städten hoch aufragen, gibt es immer mehr Kinder, die beim Einschulungsgottesdienst das erste Mal bewusst eine Kirche von innen zu sehen bekommen. In dieser Einheit sollen die Kinder mit der Kirche, ihren Festen und Gepflogenheiten vertraut gemacht werden. Hier ist es besonders wichtig, lokale Gegebenheiten zu berücksichtigen und in die Einheit mit einzubeziehen. So ist es ratsam, sich beim örtlichen Pfarrer oder der Pfarrerin Informationen über das Kirchengebäude einzuholen, wie auch über Veranstaltungen und Angebote der Kirchengemeinde. Ziel der Einheit soll es auch sein, einen Bezug zwischen Kirche und Religionsunterricht herzustellen. Dazu können die Kinder zum Kindergottesdienst, zur Jungschar oder anderen Veranstaltungen der Gemeinde eingeladen werden.
Die Einheit kann mit einem Lerngang zur evangelischen oder – falls keine vorhanden ist – zur katholischen Kirche begonnen werden. Die Kinder erhalten den Auftrag, sich genau umzusehen und von den Gegenständen, die sie nicht kennen, eine bestimmte Anzahl aufzumalen. Ebenso sollten sie sich Fragen überlegen, was sie zur Kirche wissen wollen. Die Fragen werden gesammelt und im Laufe der Einheit geklärt.
Das Bild auf den Seiten 66 und 67 wird betrachtet und mit dem besuchten Gotteshaus verglichen. Gemeinsam wird überlegt, welche Menschen, die auf dem Bild zu sehen sind, wohl die Kirche aufsuchen und mit welchen Erwartungen sie das tun. Der Text auf Seite 66 kann dazu gelesen werden.
Besprochen wird, was einige Personen unter dem Arm tragen (Gesangbuch) und wozu dies benötigt wird. Die Lehrkraft zeigt ein Gesangbuch und lässt die Kinder darin blättern. Sie bittet sie, ein den Kindern bekanntes Lied aufzuschlagen, indem sie nur die Nummer verrät. Auf dem Bild können die Kinder einen Pfarrer im Talar mit Beffchen entdecken und lernen so auch die Amtstracht zu bezeichnen. Der Hahn auf dem Kirchturm führt zur Geschichte von der Verleugnung des Petrus, die eventuell zu einem späteren Zeitpunkt erzählt werden kann.
Im Unterrichtsgespräch wird geklärt, welche Funktion Glocken erfüllen. Dazu kann auch das Glockengeläute auf Kassette eingespielt werden. Gibt es im Ort mehrere Kirchen, so kann die Lehrkraft deren Geläute einspielen. Die Kinder sollen dann das Geläut „ihrer“ Kirche herausfinden.
Das Thema „Glocken“ kann ausgeweitet werden, indem die Kinder beispielsweise ein Arbeitsblatt mit verschiedenen Glocken bekommen, auf denen sie die Uhrzeit eintragen, zu der im Tagesablauf geläutet wird. Auch eine Tagzeitenuhr kann gemalt werden, in die die Kinder hineinmalen, zu welcher Uhrzeit die Glocken geläutet werden.
Die bunten Kirchenfenster sollen die Kinder dazu animieren, selbst ein Fenster aus Tonpapier und Transparentpapier herzustellen. In die von der Lehrkraft vorgefertigten Rahmen kleben die Kinder bunte Papierschnipsel aneinander. Soll ein Motiv gestaltet werden, so empfiehlt es sich, ein Butterbrotpapier oder weißes Transparentpapier als Untergrund zu verwenden.

Zur Heftgestaltung

Will man das Kirchenfenster als Fensterbild im Klassenzimmer verwenden, so bietet sich als Heftgestaltung eine Zeichnung von der örtlichen Kirche an, welche die Kinder einkleben und außen herum alte und junge Menschen malen. Der Satz: „Alle sind eingeladen“ wird als Überschrift dazugeschrieben. Auch können aus dem örtlichen Gemeindebrief Veranstaltungstermine ausgeschnitten und in einen Schaukasten, den die Kinder vor die Kirche zeichnen, geklebt werden.

Bildungsstandard GS 2:
Die Kinder kennen die Kirche, in der sich die evangelische Gemeinde zu Gottesdiensten trifft.
Die Kinder kennen Angebote für Kinder in ihrer Gemeinde.

Wir feiern Gottesdienst (Seite 68/69)

Die Abbildung im Schülerbuch regt dazu an, mit den Kindern über die Gegenstände in der Kirche zu sprechen. Falls zu Beginn der Einheit ein Lerngang zur evangelischen Kirche stattgefunden hat, können anhand dieser Abbildungen Gegenstände benannt und ihre Bedeutung geklärt werden. Die in evangelischen Kirchen unverzichtbare Kanzel wurde in der Abbildung auf der linken Seite angedeutet.
Weitere Gegenstände sind der Taufstein mit Taufwasserkanne, der Altar (Tisch) mit Parament (passend zur Kirchenjahreszeit in schwarz, rot, violett, grün oder weiß gestaltetes Tuch, das vorne herunterhängt), die Kerzen und die Bibel. Über dem Altar ein Bild mit dem Symbol Taube für den Heiligen Geist (vgl. Die Erzählung von der Taufe Jesu → Mk 1,9–11). Ein wichtiges christliches Symbol ist auf dem Parament nur angedeutet, findet sich aber in allen evangelischen Kirchen, in der Regel auf oder über dem Altar: das Kreuz.
Die Kinder vergleichen die Buchseite mit der beim Lerngang entdeckten Inneneinrichtung der Kirche. Dabei sollte erwähnt werden, dass auf dem Bild eine Liedertafel fehlt, ebenso Blumen auf dem Altar. Liturgische und dem Gottesdienst angemessene Kleidung können im Unterrichtsgespräch thematisiert werden.
Ein Ritual zu Beginn der Religionsstunde könnte es sein oder werden, die Klasse im Sitzkreis zu versammeln und in der Mitte einen kleinen Altar aufzubauen, mit Kerze, Bibel und – statt des Paramentes – einem Tuch in der passenden Farbe zur jeweiligen Kirchenjahreszeit (vgl. dazu EG BEL Seite 890). Eventuell kann auch die Kerze gemeinsam mit den Schülerinnen und Schülern verziert werden. Oder man besorgt zu den Tüchern jeweils eine farblich passende Kerze.
Die Kinder erzählen von Gottesdiensten, an denen sie vielleicht schon teilgenommen haben. Es wird besprochen, was Menschen im Gottesdienst tun und was es für sie bedeutet. Das ist auf Seite 68 kurz zusammengestellt und kann gemeinsam gelesen und gegebenenfalls ergänzt werden. Die Kinder stellen fest, dass einzelne dieser Elemente auch im Religionsunterricht vorkommen. Im Blick auf die abgebildete Pfarrerin können die Kinder von Menschen berichten, die sie kennen und die in der Kirche arbeiten. In jedem Fall ist es wichtig, dass Kirchengemeinde konkret über Menschen für die Kinder anschaulich wird. Deshalb ist es wünschenswert, wenn eine Mitarbeiterin oder ein Mitarbeiter der örtlichen Kirchengemeinde in den Unterricht eingeladen wird.

Zur Heftgestaltung

Die Kinder erhalten ein Arbeitsblatt, auf das eine Kirche mit einem Tor und Fenstern gezeichnet ist (Vorlage vergrößern!). Sie schneiden die Kirche aus und kleben sie so auf eine Heftseite, dass die Tür und die Fenster aufklappbar sind. Auf die Heftseite malen die Kinder in das Tor einen Altar mit Blumenschmuck, Bibel und Kerze. Das Parament wird aus einem kleinen Stoffrest gestaltet. Auf den Kirchturm malen die Kinder eine Uhr, die anzeigt, um welche Uhrzeit der örtliche Kindergottesdienst stattfindet. Die Kirchenfenster werden bunt ausgemalt. Oben auf den Turm wird noch ein Hahn, ein Kreuz oder ein anderes Symbol je nach örtlicher Gegebenheit zugefügt. Um die Kirche zeichnen die Kinder Menschen, die in der Kirche arbeiten, und schreiben ihre Berufe oder Tätigkeiten dazu.

Zu dieser Abbildung gibt es eine Kopiervorlage auf Seite 55

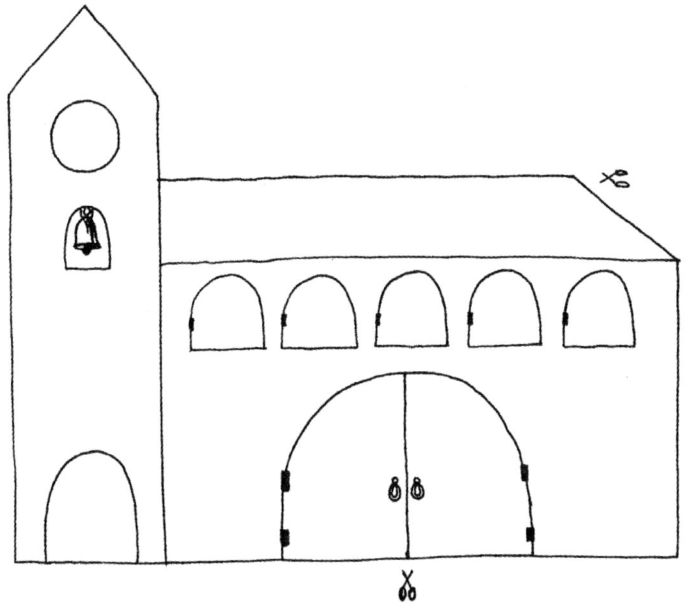

Bildungsstandard GS 2:
Die Kinder wissen, dass in der Bibel Geschichten von Gott und Jesus Christus stehen.
Die Kinder kennen die Kirche, in der sich die evangelische Gemeinde zu Gottesdiensten trifft.

Taufe (Seite 70/71)

Taufgottesdienste haben manche Kinder schon miterlebt, wenn ihr Bruder oder ihre Schwester getauft wurde. In den meisten Religionsklassen gibt es auch Kinder, die noch nicht getauft sind oder solche, die während des Schuljahres getauft werden. Durch die Taufe gehören die Kinder einer Kirche an. Viele getaufte Kinder erzählen von ihrer Taufkerze, die sie zu Hause haben oder auch davon, dass ihre Eltern in verschiedene Kirchen gehen. Manche haben noch ein Bild von ihrer Taufe und können das in den Unterricht mitbringen.
Um den unterschiedlichen Erfahrungen gerecht zu werden, wäre es sinnvoll, mit den Kindern einen örtlichen Taufgottesdienst zu besuchen, über den sie in der nächsten Religionsstunde berichten.
Die beiden Abbildungen im Buch geben Anlass, darüber zu sprechen, was alles zu einer Taufe gehört: Wichtig ist vor allem das Wasser (Taufstein und das Wasser in der Taufkanne Seite 68), mit dem der Kopf des Täuflings benetzt wird, das zu taufende Kind und die Taufworte (S.71). Aus Erlebnissen der Kinder wird ergänzt: ein oder mehrere Paten, eine Pfarrerin oder ein Pfarrer, ein Taufspruch, der Segensspruch, eventuell eine Taufkerze und ein Taufkleid.
Der Ablauf einer Taufe kann von der Lehrkraft kurz erzählt werden:
Lieder, Lesen des Kinderevangeliums (S.26 im Schülerbuch), eventuell kurze Ansprache oder Predigt über einen Taufspruch(aus der Bibel), die Frage an die Eltern und Paten, ob sie den Täufling im christlichen Glauben erziehen wollen, und deren Zustimmung. Taufe mit Wasser und dem Taufwort: Ich taufe dich..., Gebet und Lied.
Es kann auch hilfreich sein, wenn ein Pfarrer/eine Pfarrerin oder ein Prädikant bzw. eine Prädikantin (ehrenamtliche Prediger/innen, die zu Amtshandlungen beauftragt sind) in den Unterricht eingeladen werden.
Das Lied auf Seite 70 (Melodie EG BEL 591 und EG W 582) wird mit Bewegungen gesungen, wobei dazu im Takt umhergegangen werden kann, um den erwähnten „Weg" zu veranschaulichen. Dabei wiegen die Kinder mit den Armen, als hätten sie ein kleines Kind im Arm.
Gemeinsam wird der Text auf Seite 71 im Buch gelesen, der zusammenfassend erläutert, welche Bedeutung die Taufe hat.

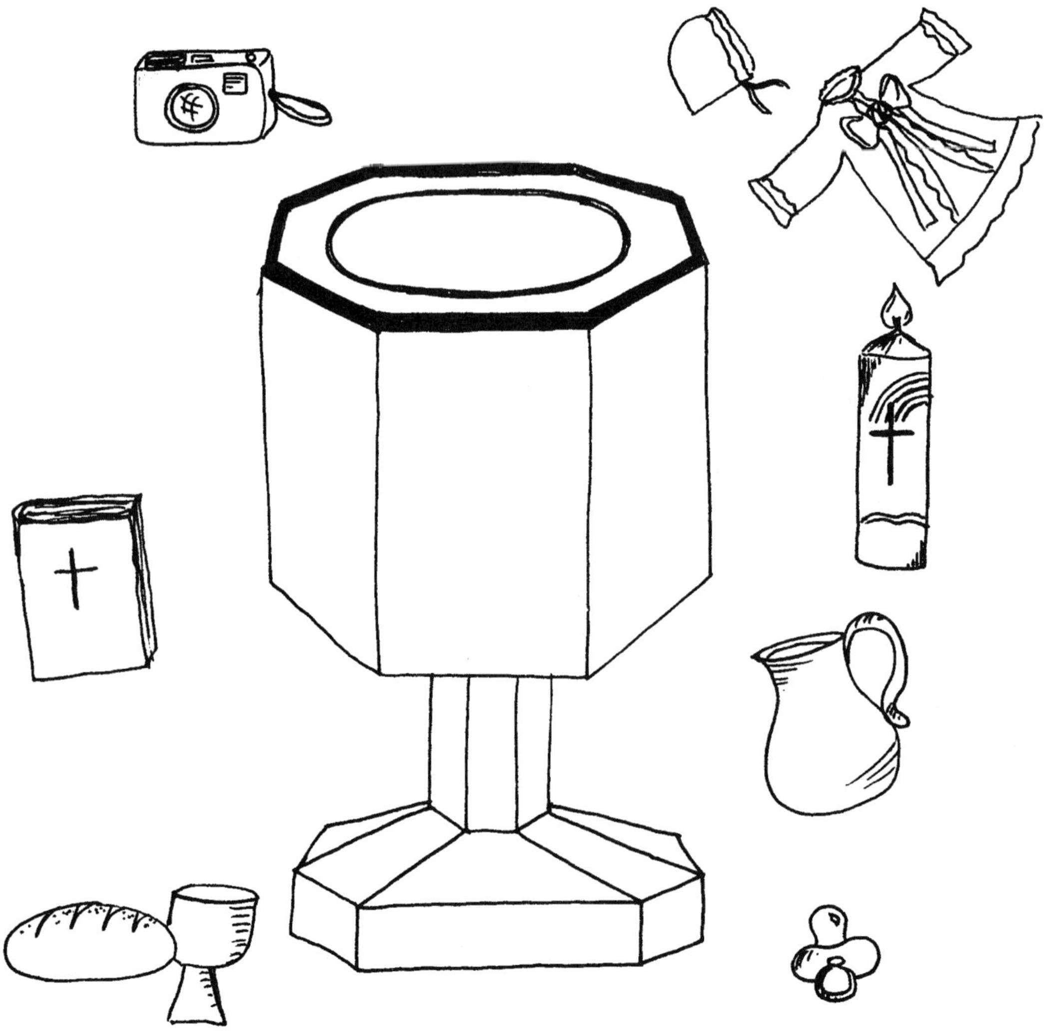

Zur Heftgestaltung

Die Kinder werden ermuntert, ihren Taufspruch mitzubringen und ihn vorzulesen. Anschließend schreiben sie ihn in Schönschrift auf die obere Hälfte einer Heftseite. Für Kinder, die nicht getauft sind, hat die Lehrkraft eine Sammlung mit Bibelsprüchen dabei, aus denen sie einen aussuchen und ebenfalls ins Heft übertragen. Unter den Spruch wird ein Taufstein aus einem Stück grauer oder hellbrauner Tapete geschnitten und aufgeklebt. Dazu kann die Lehrkraft bei Bedarf eine Schablone vorgeben. Die Tapete eignet sich aufgrund ihrer Struktur, um den Taufstein plastischer wirken zu lassen. Möglich ist auch der Einsatz des abgebildeten Arbeitsblattes. Die Schülerinnen und Schüler schneiden zur Taufe passende Gegenstände aus und kleben sie um und auf den Taufstein.

Bildungsstandard GS 2:
Die Kinder wissen, wie Taufe in Gottesdiensten gefeiert wird.

Erntedank (Seite 72/73)

Neben dem Weihnachtsgottesdienst ist der Gottesdienst zum Erntedankfest einer der meistbesuchten Gottesdienste im Kirchenjahr. Vielerorts findet er als Familiengottesdienst statt, wobei oft die Kindergartenkinder mitwirken. So haben etliche Kinder schon Erfahrung mit diesem Fest. Im Religionsunterricht kann überlegt werden, ob nicht Früchte gesammelt und mit den Kindern kleine Körbe aus Tonpapier gebastelt werden, die dann in der Religionsstunde nach dem Erntedankfest zu Menschen des Wohnortes, die sich darüber freuen, gebracht werden, z. B. in eine Einrichtung oder einen Kreis der Gemeinde. Es sollte dafür gesorgt sein, dass die Kinder die freudige Reaktion der Beschenkten miterleben können. Das ist auf dem Dorf sicher einfacher möglich als in der Stadt. Dazu kann auch die Hilfe von Mitarbeitenden der Gemeinde und der Diakonie in Anspruch genommen werden. Die Kinder gestalten dazu eine kleine Grußkarte und lernen ein Erntedanklied auswendig.
Fächerverbindend zum Sachunterricht kann in der Zeit um das Erntedankfest ein gemeinsames Frühstück durchgeführt werden, bei dem es auch um die gesunde Ernährung geht. Vor dem gemeinsamen Essen wird ein Tischlied gesungen oder ein Tischgebet gesprochen. Im Bereich MeNuK geht es dann verstärkt um die Esskultur.
Auch kann mit den Kindern der Weg vom Weizenkorn, das in die Erde gelegt wird, bis zum Brot (z. B. in MeNuK: „Pflanzen als Grundlage von Nahrungsmitteln“) erarbeitet werden.

Vorschlag für eine Meditation

Eine Meditation, die Mittelpunkt einer kleinen Feier um das Brot wird, ist folgendermaßen denkbar:
Die Kinder sitzen im Stuhlkreis oder auf dem Boden. Sie haben vor sich eine Serviette, auf der eine Scheibe Vollkornbrot liegt. Bei kleineren Gruppen ist es auch möglich, einen Tischkreis zu stellen.

- Die Lehrkraft fordert die Kinder auf, das Brot anzusehen, Entdeckungen mitzuteilen, das Brot aber liegen zu lassen.
- Dann spielt sie mit der Flöte den Refrain aus EG 508 („Alle gute Gabe…“)oder summt ihn.
- Jetzt dürfen die Kinder das Brot in die Hand nehmen, es riechen: Auch das dürfen sie in einem Satz anderen mitteilen.
- Wieder spielt die Lehrkraft mit der Flöte den Refrain aus EG 508.
- Nun erzählt sie mit einfachen Worten den Weg vom Weizenkorn zum Brot (über den Bauer, den Müller, den Bäcker, die Einkaufende bis hier ins Klassenzimmer). Sie endet: „Es geht durch viele Hände, kommt aber her von Gott.“ Der Satz wird von den Kindern wiederholt.
- Die Lehrkraft fügt den Lernvers an:
  „Wir pflügen und wir streuen
  den Samen auf das Land,
  doch Wachstum und Gedeihen
  liegt in des Herren Hand.“
  Die Kinder wiederholen: „Doch Wachstum und Gedeihen liegt in des Herren Hand.“
- Wieder spielt die Lehrkraft mit der Flöte den Refrain aus EG 508.
- Zuletzt spricht sie das Tischgebet: „Danket dem Herrn, denn er ist freundlich und seine Güte währet ewiglich“ (Psalm 106,1).
- Die Kinder werden zum Essen eingeladen. Sie dürfen jetzt die Scheibe Brot essen. Dazu gibt es Saft.
- Die Gestaltung endet mit dem gemeinsam gesungenen Refrain: „Alle gute Gabe…“

Vorschlag für ein Klangbild

Der Psalm auf Seite 72 kann mit Orff-Instrumenten verklanglicht werden. Dazu wird er Vers für Vers gelesen. Die Kinder spielen dazu mit passenden Instrumenten einen Rhythmus oder eine Melodie. Der letzte Vers wird dabei als Refrain nach jedem Satz gemeinsam gesprochen. So können ihn die Kinder bald auswendig.

Zur Heftgestaltung

Statt eines Klangbildes kann auch eine Heftseite gestaltet werden. Dazu kopiert die Lehrkraft den Baum aus dem Schülerbuch und gestaltet ein Arbeitsblatt. Die Kinder malen dazu die im Psalm erwähnten Tiere.
Eine weitere Idee: Ein leerer Korb aus braunem Tonpapier wird auf eine Heftseite geklebt. Auf ein weißes Blatt Papier malen die Kinder Früchte, schneiden sie aus und kleben sie auf den Korb. Der letzte Vers des Psalms auf Seite 72 wird dazugeschrieben.

Weitere Lieder/Materialien/Anregungen:
Wir pflügen und wir streuen, evtl. nur den Refrain (EG 508)
Laudato si (EG 515)
Unsre wunderschöne Erde hast du, lieber Gott, gemacht (aus: Lieber Gott, du hörst mein Lied, Christlicher Bilder-Liederbuch-Verlag, CH- 8315 Lindau. ISBN: 3-905282-04-6)
Deine unsichtbaren Geschenke, Herr (aus: Lieber Gott, du hörst mein Lied s.o.). Dieses Lied weist über den Dank für die sichtbaren Dinge beim Erntedankfest hinaus auf Gaben, die wir nicht konkret sehen, aber ihre Auswirkungen doch spüren können, wie Frieden, Liebe, Vergebung, Freude. Auch geeignet als Weihnachtslied.
Ich singe dir mit Herz und Mund (EG 324).

Erzählvorschlag

Zur Entstehung des Liedes „Ich singe dir mit Herz und Mund“ kann eine fiktive Geschichte erzählt werden. Diese sollte jedoch in einzelne Abschnitte gegliedert und auf mehrere Stunden verteilt erzählt werden.

Es ist Abend. Der Pfarrer Paul Gerhardt sitzt am Schreibtisch. Er überlegt. Gerade hat er einen Spaziergang gemacht. „Wie schön hat Gott alles geschaffen“, murmelt er vor sich hin. „Und wir Menschen haben alles wieder kaputt gemacht. 30 Jahre lang ist jetzt Krieg gewesen und wie viele Menschen sind gestorben. Eigentlich sollte ich Gott ein Danklied schreiben, dass er mich bewahrt hat. Ja, allen will ich davon erzählen, wie gut Gott ist.“
Paul Gerhardt nimmt ein Blatt Papier und seine Schreibfeder und taucht sie in die Tinte. Plötzlich stutzt er. „Mein Tintenfass sieht ja aus wie ein Brunnen. Immer wieder kann ich Tinte rausholen. Gott ist auch wie so ein Brunnen, der frisches Wasser gibt. Immer wieder können wir zu ihm kommen und mit ihm sprechen. Und er gibt uns Kraft für unser Leben. Er verzeiht, wenn wir ihm erzählen, was uns belastet. Wie gnädig ist Gott. Ja, er ist sogar mehr als ein Brunnen. Wie eine ewige Quelle, die immer Wasser hergibt. Ihm kann ich alles sagen, was mir Kummer macht, und er tröstet mich. Das will ich gleich aufschreiben. Mein Lied soll so beginnen: Ich singe dir, Gott, und erzähle überall von dir. Du bist wie ein Brunnen, der frisches Wasser hat, wie eine Quelle, die ewig fließt. Früh und spät gibst du uns Gutes, machst heil, was wir Menschen kaputt gemacht haben.“ Paul Gerhardt macht eine Pause. „Hm“, denkt er, „das reimt sich ja gar nicht. Ich muss es anders schreiben.“ Wieder taucht er die Schreibfeder in sein Tintenfass. Dann dichtet er: „Ich singe dir mit Herz und Mund, Herr, meine Freude, ich singe und mache auf der Erde bekannt, was ich von dir weiß. Ich weiß, dass du der Brunnen der Gnade und ewige Quelle bist, daraus uns allen früh und spät viel Gutes kommt. Nein, das ist es noch nicht. Ich muss das noch anders schreiben. Mein Freund Johann Crüger hat so eine schöne Melodie geschrieben, da muss mein Text darauf passen. Also noch einmal: Ich singe dir mit Herz und Mund, Herr, meines Herzens Lust. Ich sing und mach auf Erden… bekannt… nein….kund, was mir von dir bekannt, nein, zweimal bekannt, das geht nicht, … was mir von dir bewusst.
Ich weiß, dass du der Brunn' der Gnad und ewge Quelle bist. Daraus uns allen früh und spat viel Heil und Gutes…- Habt ihr eine Idee? (fließt)
Prima, ich will es gleich noch mal lesen: Ich singe dir…“

Jetzt steht Paul Gerhardt auf und geht zur Tür. „Ich will mir heute Abend den Sternenhimmel anschauen“, denkt er. Er macht die Tür auf und geht nach draußen. Ein milder Wind weht ihm entgegen. „Dass es heute so mild ist, obwohl wir schon Winter haben?“ Paul Gerhardt schaut nach oben. „Wer hat den Himmel geschaffen, wer hat die Erde gemacht, den Tau, der heute Morgen so schön in der Sonne glitzerte? Wer macht den Frost im Winter, die tollen Eisblumen und den Wind? Ja, und wer gibt uns Sonnenblumenkörner, um Öl daraus zu machen? Oh, wie groß ist Gott, er ist wirklich wie eine unendliche Quelle, die uns immer wieder Gutes gibt. Wenn ich den Sternenhimmel anschaue, wie klein komme ich mir vor. Was bin ich denn, ich kleiner Mensch auf dieser Erde und was habe ich, das nicht von dir, Gott kommt? Ich bin nackt auf diese Erde gekommen und genauso nackt werde ich einmal sterben. Nichts habe ich mitgebracht, alles wurde mir von dir geschenkt, mein Leben, mein Haus, das Essen, alles kommt von dir, Gott. Jawohl, das ist es! Das sollen die nächsten Strophen von meinem Lied werden.“
Paul Gerhardt geht schnell ins Haus und schließt die Tür. Auf dem Schreibtisch liegt noch das Blatt mit dem angefangenen Lied. Wieder taucht er die Schreibfeder in die Tinte. „Lauter Fragen will ich schreiben, dann wird mein Lied etwas spannender. Was sind wir Menschen doch, was haben wir auf dieser ganzen Erde? Alles kommt von dir, Gott. Nein, das sind keine Fragen. Was sind wir doch, was haben wir auf dieser ganzen Erde, das uns, Gott, nicht von dir gegeben wird. Jetzt muss sich das Ganze nur noch reimen. Was sind wir doch, was haben wir auf dieser ganzen Erd', das uns, o Vater, nicht von dir… allein gegeben werd'?
Wer hat das schöne Himmelszelt hoch über uns gesetzt? Wer ist es, der uns… unsern Acker, …unser Feld mit Tau und Regen… Was passt da für ein Wort? Was reimt sich auf gesetzt? (netzt)

Oh, ist das anstrengend, so ein Lied zu schreiben. Jetzt bin ich durstig. Ich will gleich in den Keller gehen. Dort habe ich Most. Wie gut sorgt Gott für mich, dass ich keinen Durst leiden muss.“
Paul Gerhardt steht auf und geht in den Keller. Es ist dunkel und als er unten ist, merkt er, dass er seine Öllampe vergessen hat. Aber er weiß, dass Gott auch in der Dunkelheit da ist und ihn das Mostfass finden lässt. Er füllt seinen Krug und steigt wieder die Treppe hoch nach oben. „Es ist doch toll“, murmelt er vor sich hin. „Gott lässt jedes Jahr zur gleichen Jahreszeit Äpfel für den Most wachsen. Er gibt uns zu essen, und das, obwohl wir Menschen so vieles kaputt gemacht haben. 30 Jahre hatten wir Krieg und vieles ist zerstört. Aber ich habe immer noch genug zu essen und zu trinken.“ Paul Gerhardt atmet tief. „Von wem kommt eigentlich mein Leben? Wer lässt das Blut in meinen Adern laufen? Wer hat mich mit starker Hand festgehalten, dass mir der Krieg nichts anhaben konnte? Wer gibt uns Frieden in unserem Land? Den wertvollen, edlen Frieden, der mehr wert ist als Gold?“
Paul Gerhardt setzt den Krug ab und holt sich ein Glas. Dann gießt er den Most ins Glas und nimmt es mit an seinen Schreibtisch. „Jetzt habe ich noch einmal zwei Strophen für mein Lied.“ Er nimmt einen Schluck Most aus dem Glas. „Ah, das tut gut – jetzt aber zu dem Lied:
Wer wärmet uns in Kält’ und Frost, wer schützt uns vor dem Wind? Wer macht es, dass man Öl und Most, jedes Jahr zur gleichen Jahreszeit bekommt?- nein, das passt nicht. Wer wärmet uns in Kält und Forst, wer schützt uns vor dem Wind? Wer macht es, dass man Öl und Most zu seinen Zeiten bekommt…? Findet, oder ich kürze es ab: findt. Wer gibt uns Leben und Blut? Wer hält mit starker Hand den Frieden in unserem Land. Ja, Hand und Land reimt sich, aber das passt noch nicht zur Melodie.
Wer gibt uns Leben und Geblüt? Wer hält mit starker Hand den goldenen, werten, edlen Frieden in unserem Land. Nein, den güldnen, werten, edlen Fried in unserem Vaterland. Das passt. Ich hab’s. Ich lese es gleich nochmals.“ (Lied wiederholen)
„Das sind viele Fragen“, denkt Paul Gerhardt. „Und ich möchte sie beantworten. Für mich gibt es darauf nur eine Antwort: Alles kommt von Gott. Er muss alles tun.
Wir Menschen sind viel zu schwach, um Frieden zu halten. Wir können auch nichts schaffen, keine Äpfel, kein Gemüse, alles muss Gott tun. Aber diese Strophe will ich morgen dichten. Jetzt ist es schon spät. Ich will ins Bett gehen.“

Bildungsstandard GS 2:
Die Kinder kennen Ausdrucksformen des christlichen Glaubens und die großen Feste … Erntedank im Kirchenjahr.
Die Kinder kennen Schöpfungslob der Bibel.
Die Kinder werden aufmerksam für Fragen nach Gottes Wirken in der Schöpfung.

Advent und Weihnachten (Seite 74/75)

Die letzten drei Doppelseiten des Schülerbuches behandeln die drei großen Feste im Kirchenjahr. Sie eignen sich in besonderer Weise dafür, fächerverbindend zum Einsatz zu kommen. Das Weihnachtsfest ist im Vergleich zum Oster- und Pfingstfest das einzige Fest, dessen Ursprungserzählung auch heute noch lebendig ist, denn biblische Inhalte wie Maria, Josef und das Kind in der Krippe begegnen uns auch auf den kommerzialisierten Weihnachtsmärkten. Hingegen wissen immer weniger Menschen unserer Gesellschaft die Bedeutung des Osterfestes als Fest der Auferstehung Jesu oder gar des Pfingstfestes als Fest der Ausgießung des Heiligen Geistes.
Deshalb erscheint es notwendig, den Ursprung dieser Feste besonders im Blick zu haben.
In der Adventszeit wird das Klassenzimmer entsprechend gestaltet. Dazu gehört ein Adventskranz, dessen Kerzen jeden Morgen im Erzählkreis entzündet werden. Die Lehrkraft kann eine Geschichte vorlesen (der Kaufmann-Verlag bietet entsprechende Adventskalenderbücher dazu an), und ein gemeinsam gebastelter Adventskalender kann jeden Tag ein anderes Kind mit einer kleinen Überraschung erfreuen. Die Lehrkraft erzählt eine Geschichte über die Entstehung des Adventskranzes, der auf Johann Hinrich Wichern zurückgeht.

Die Entstehung des Adventskranzes

Es war im Jahr 1839 in Hamburg. So kurz vor der Adventszeit war die Vorfreude auf Weihnachten überall deutlich zu spüren. Lichter brannten in den Häusern und die Familien saßen gemütlich beisammen. Doch in einem kleinen Landhaus am Rande der Stadt war etwas anders. Dort lebte Johann Hinrich Wichern mit zwölf Jungen im Alter von fünf bis acht Jahren. Es waren nicht seine eigenen Kinder, sondern Kinder, die von ihren Eltern vernachlässigt und weggeschickt worden waren. Sie kamen aus den Elendsvierteln von Hamburg. Noch nie hatten diese Jungen ein richtiges Zuhause gehabt. Erst bei Johann Hinrich Wichern erlebten sie, wie es ist, eine Heimat zu haben. Er nannte sein Haus „Rauhes Haus“. Es war für die Jungen zu einem Rettungshaus geworden. Jeder bekam ein eigenes Bett und genügend zu essen, wurde gebadet und bekam neue Kleider. So lernten viele Kinder im Rauhen Haus miteinander zu leben, zu lernen und zu arbeiten.
Die Adventszeit war für die Jungen nun etwas völlig Neues, das sie noch nie erlebt hatten. Weihnachten kannten sie auch nicht. So überlegte Johann Hinrich Wichern, wie er es ihnen erklären konnte. Er wollte ihnen zeigen, dass die Adventszeit eine frohe Zeit war, in der man auf Jesus wartete. Eines Tages hatte er eine Idee. Früh am Morgen des ersten Advents ging er mit einem großen Holzrad von zwei Metern Durchmesser, 19 roten und vier weißen Kerzen in den großen Speisesaal seines Hauses. Dort

steckte er die Kerzen auf das Rad und hängte den fertigen Kranz an der Decke auf, damit die Kinder ihn gut sehen konnten. Als später die Kinder zum Frühstück kamen, staunten sie. So etwas Schönes hatten sie noch nie gesehen. An jedem Mittag in der Adventszeit sammelten sich nun alle im Speisesaal zu einer kurzen Andacht und abends zu einer Singstunde. Es wurden Advents- und Weihnachtslieder gesungen und Texte aus der Bibel vorgelesen. Dabei wurde jeden Tag eine Kerze mehr angezündet. Von Montag bis Samstag eine rote und am Sonntag eine weiße Kerze. So wurde es nach und nach immer heller im Saal. Am Ende leuchtete der ganze Kranz und alle freuten sich noch mehr auf Weihnachten. Auch wenn dieser Adventskranz noch sehr einfach war, so bekam er doch bald Ähnlichkeit mit unserem Adventskranz heute. Die Jungen schmückten ihren Kranz mit grünen Zweigen und hängten rote Bänder dran.

Johann Hinrich Wichern erklärte auch die Bedeutung des Adventschmucks: „Wir leben gerade in der Zeit vor Weihnachten, der Adventszeit. Es ist, als sagte diese Zeit zu uns: Euch soll ein Licht aufgehen. Ihr sollt merken, wie sehr Gott die Menschen lieb hat. Jesus hat ja gesagt: Ich bin das Licht der Welt. Wenn nun eine Kerze nach der anderen brennt und am Heiligen Abend alle Kerzen leuchten, dann erzählt dieser Kranz von der Liebe Gottes, die so groß ist, dass Jesus zu uns auf die Erde kam . Die vier weißen Kerzen deuten auf die vier Himmelsrichtungen hin und zeigen, dass Gottes Liebe allen Menschen gilt. Weiß sind die Kerzen, weil dies die Farbe der Freude ist. Jeder Sonntag im Advent ist ein Festtag.

Die grünen Zweige erinnern an das Leben und Wachstum. Wenn etwas wächst, ist Hoffnung da. Mitten im Winter, mitten im Tod sind wir von Leben umgeben, das von Gott kommt. Weil Gottes Liebe so groß ist habe ich rote Kerzen genommen. Rot ist die Farbe der Liebe. Jesus kommt an Weihnachten zu uns, so lieb hat uns Gott. Die runde Form bedeutet, der Kranz hat keinen Anfang und kein Ende. So wie Gott ohne Anfang und Ende ist und auch unser Leben ohne Ende sein wird, wenn wir mit Gott leben. Der Kreis steht auch für Geborgenheit und Schutz. In Gott sind wir geborgen."

Im Anschluss an die Geschichte können Adventslieder gesungen werden. In dem Heft „Weihnachten ist nicht mehr weit" von Detlev Jöcker finden sich dazu zahlreiche passende Lieder.
Im Text auf der Seite 74 steht das Licht im Vordergrund. Gemeinsam wird der Text gelesen und die Bedeutung von Kerzen und Licht erläutert.

Zur Heftgestaltung

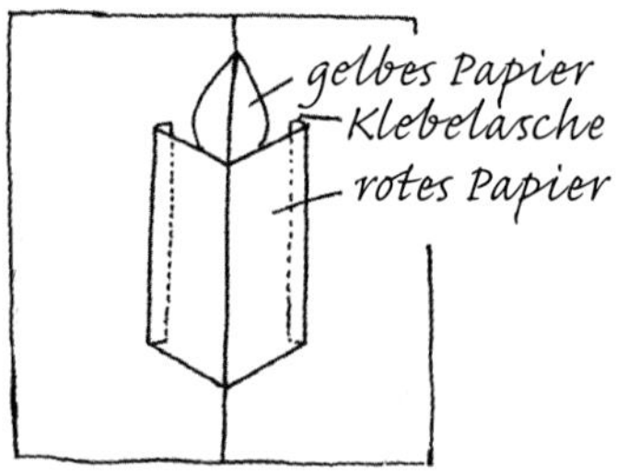

Die Kinder schreiben den Bibelvers Johannes 8,12 („Ich bin das Licht der Welt. Wer mir nach folgt, der wird nicht wandeln in der Finsternis, sondern wird das Licht des Lebens haben.") in ihr Heft. Darunter wird eine rote Doppelkarte im DIN-A 6-Format mit gelber Flamme aus Tonpapier geklebt, die beim Aufklappen eine plastische Kerze zeigt.

Weitere Lieder/Anregungen/Materialien:
Lied: Mache dich auf und werde Licht (EG BEL 545) mit Tanz (in : Was dich begleitet – Lehrerheft)

Auf Seite 75 wird die Geschichte von Nikolaus von Myra angedeutet. Die Lehrkraft erzählt eine oder mehrere Legenden, die sich um Nikolaus ranken, mit eigenen Worten. Dazu fertigen die Kinder ein Leporello an und malen Bilder dazu.
Ein alter Weihnachtsbrauch ist es, einen Tannenbaum zu schmücken. Dieser und andere Bräuche werden mit den Kindern besprochen. Sind ausländische Kinder in der Klasse, können sie von Weihnachtsbräuchen aus ihren Heimatländern berichten.
Im Religionsunterricht sollte die Weihnachtsgeschichte in aller Schlichtheit erzählt und die Bedeutung von Jesu Kommen auf der Erde herausgestellt werden.
Mit den Kindern kann ein Gemeinschaftsbild angefertigt werden. Dazu malt jedes Kind eine Figur aus der Weihnachtsgeschichte, schneidet sie aus und klebt sie um eine Krippe, die in der Mitte eines Plakats angebracht ist.

Bildungsstandard GS 2:
Die Kinder kennen Ausdrucksformen des christlichen Glaubens und die großen Feste Weihnachten ... im Kirchenjahr.

Ostern (Seite 76/77)

Ostern ist das Fest der Auferstehung Jesu. Dies sollte immer wieder betont werden, um es nicht bei der Beschäftigung mit Ostereiern und Osterhasen aus dem Blick zu verlieren. Für das Lied auf Seite 76 schreibt die Lehrkraft auf eine Karte den Satz „Jesus lebt!" Während das Lied im Sitzkreis gesungen wird, geben die Kinder die Karte im Rhythmus des Liedes ihrem Nachbarn. So wird die frohe Botschaft sinnenhaft weitergegeben. Wird das Lied gut beherrscht, kann es auch reihum von den Kindern in fünf Gruppen gesungen werden, wobei jede Gruppe eine Zeile davon singt.
Der Ostergruß „Christus ist auferstanden" kann ebenfalls gesungen werden (EG 118). Um den Brauch der bunten Eier besser zu verstehen, kann die Lehrkraft die Geschichte von Katharina und dem Osterei von Willi Fährmann erzählen.

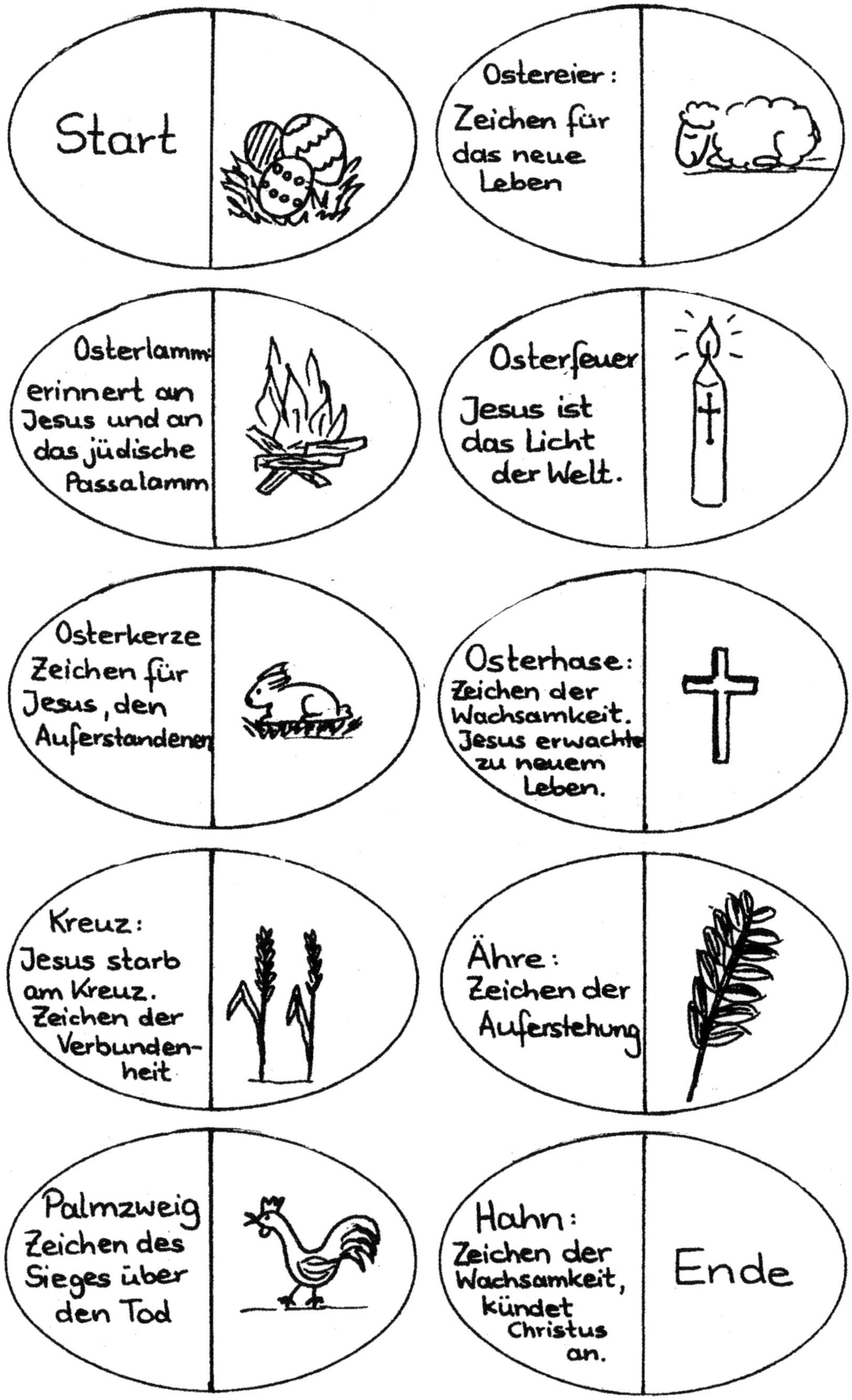

Das neue Leben – oder: Wie das Ei zum Osterei wurde
Von Willi Fährmann

Katharina war eine Königstochter im Ägypterland. Sie lebte vor langer, langer Zeit in der Stadt Alexandria. Damals herrschte dort der Kaiser von Rom. Er hieß Maxentius und war der mächtigste Mensch auf der ganzen Erde.
Eines Tages besuchte er seine Stadt Alexandria. Er ließ Katharina zu sich kommen. Sie sollte ihm von Jesus erzählen. Er hatte nämlich erfahren, dass sie eine Christin war.

Katharina kannte viele Jesusgeschichten. Der Kaiser hörte gespannt zu. Ihm gefiel das, was Jesus unter den Menschen getan hatte. Alle seine Ratgeber wunderten sich darüber. Der Kaiser hatte nämlich die Christen verfolgt. Viele waren auf seinen Befehl getötet worden.
Katharina erzählte vom Leben Jesu, von seinem Sterben und schließlich auch, dass er von den Toten auferstanden ist.
„Von den Toten auferstanden?", fragte der Kaiser verblüfft. Katharina nickte.
Da lachte der Kaiser laut auf und rief: „Das will ich dir nur glauben, wenn du aus einem Stein neues Leben erwecken kannst."
Katharina ging betrübt davon. Aber dann kam ihr ein Gedanke. Sie kaufte von einem Bauern ein beinahe ausgebrütetes Entenei. Damit ging sie am nächsten Tag zum Kaiser.
„Na, willst du es versuchen?", spottete der.
Sie hielt ihm das Ei entgegen. Die junge Ente riss einen Spalt in die Schale. Der Kaiser schaute geduldig zu, wie das kleine Tier sich aus dem Ei befreite. Der Spott wich aus seinem Gesicht.
„Scheinbar tot", sagte Katharina. „Scheinbar tot und doch Leben." Es heißt, dass der Kaiser sehr nachdenklich geworden ist. So ist das Ei zum Osterei geworden, ein Zeichen für das, was kein Mensch begreifen kann:
Christus ist auferstanden. Wahr und wahrhaftig, er ist auferstanden.

Ein Anhaltspunkt für die Bedeutung der Eier bietet auch der Text auf Seite 77 im Schülerbuch, der gemeinsam gelesen werden kann.
Mit den Kindern kann gemeinsam ein Osterlamm gebacken werden. Die Kinder basteln dazu eine Fahne, die in das Lamm gesteckt wird.

Vorschlag zur Freiarbeit

Für die Freiarbeit eignet sich das Domino oder Paar-Spiel (siehe Seite 51). Die Kartenpaare bestehen immer aus einem österlichen Symbol und dessen Bedeutung. Für das Paar-Spiel werden die „Eier" halbiert und zu jedem Symbol muss der passende Text gefunden werden.

Zur Heftgestaltung

Die Kinder erhalten eine Zeichnung mit einem Grab und einem Stein, die beide ausgeschnitten und so ineinander gesteckt werden, dass der Stein sich vom Grab wegbewegen lässt. Das Grab wird ins Heft geklebt. Davor malen die Kinder einen Weg und Frauen, die vom Grab wegeilen. Sie zeichnen Sprechblasen und schreiben den Satz hinein: „Jesus lebt!"

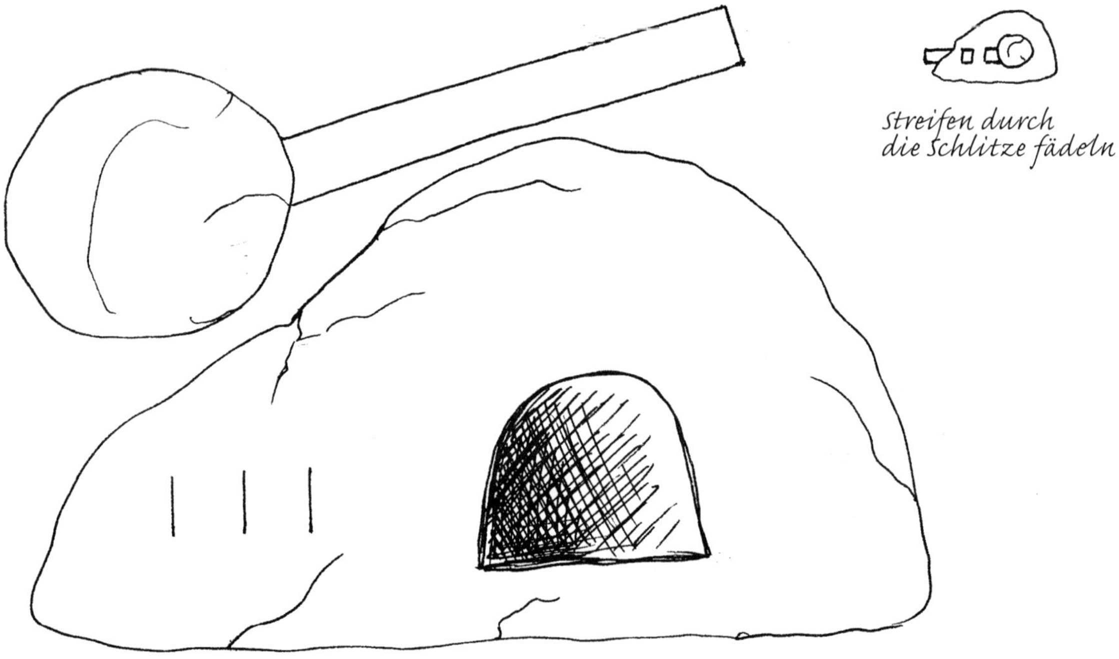

Liedvorschläge:
Im EG gibt es auch für Kinder gut singbare und fröhliche Osterlieder, zum Beispiel: „Wir wollen alle fröhlich sein" (EG 100) und: „Der Herr ist auferstanden" (EG 118)

Bildungsstandard GS 2:
Die Kinder kennen Ausdrucksformen des christlichen Glaubens und die großen Feste … Ostern … im Kirchenjahr.

Wir feiern Pfingsten (Seite 78/79)

Die Doppelseite gibt liturgische Anregungen für die Gestaltung des Anfangsrituals einer Religionsstunde im Themenkontext „Pfingsten".
Das Lied „Zu Pfingsten in Jerusalem" (Quelle siehe zu Seite 32/33) wird gemeinsam gesungen und eventuell durch hell klingende Orff-Instrumente (Triangel, Glockenspiel, Zimbeln) begleitet.
Das Gebet wird gemeinsam gesprochen und anschließend kann das Lied „Ubi caritas" getanzt und gesungen werden.
Eine Anregung dazu findet sich in dem Lehrerheft zu „Was dich begleitet".
Pfingsten verlangt nach Begeisterung, also nach ausdrucksstarken Formen, die Freude gestalten, Begeisterung und Ausgelassenheit. Das ist das eine. Auf der anderen Seite sind es die leisen Töne, die gehört werden wollen: andere verstehen, ihre Traurigkeit sehen.
Dazu sind Übungen hilfreich, die im Kontext einer liturgischen Gestaltung den Kindern Raum geben, in dem sie symbolisch etwas „loswerden" können.
Beispiel: Die Lehrkraft teilt ausgeschnittene Pappohren aus. Die Kinder geben ihr Ohr dem oder der, mit dem oder der sie sich in Zukunft besser verstehen wollen.
Nach jeder Aktion (ein Kind geht auf ein anderes zu und setzt sich dann wieder) schlägt die Lehrkraft dezent auf ein Bassxylophon: So wird strukturiert, Rhythmus erlebt – ein Baustein einer meditativen Gestaltung.
Dazu passt auch das nachfolgende Lied:

2. Sieh mal auf die kleinen Dinge in unsrer großen Welt.
Sieh mal auf das kleine Wunder, das niemandem auffällt:
Nimm dir eine kleine Auszeit, um einfach da zu sein,
dass du Gottes leise Stimme hören kannst.

3. Nimm dir Zeit, um heut zu feiern, das Leben ist ein Fest!
Nimm dir Zeit, für den zu singen, der dich nicht fallen lässt:
Nimm dir eine kleine Auszeit, um einfach da zu sein,
dass du Gottes leise Stimme hören kannst.

4. Spürst du nun, wie Gott dir nah ist in einer weiten Welt,
spürst du seine große Liebe, von der Jesus uns erzählt:
Nimm dir eine kleine Auszeit, um einfach da zu sein,
dass du Gottes leise Stimme hören kannst.

Text und Melodie: Johannes Matthias Roth, in: Jugendfreund Nr. 30/2001. Leinfelden-Echterdingen

zu Seite 23

zu Seite 26

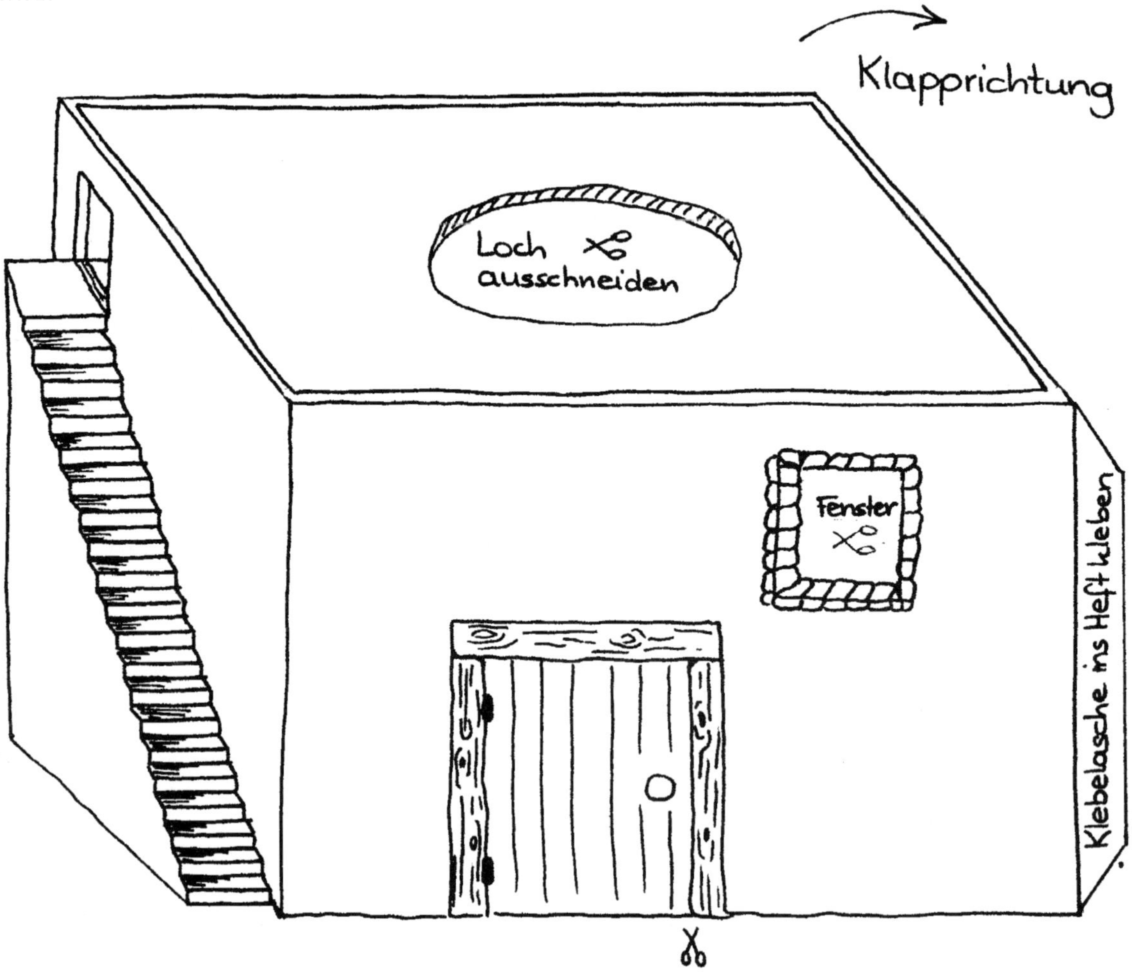

zu Seite 30

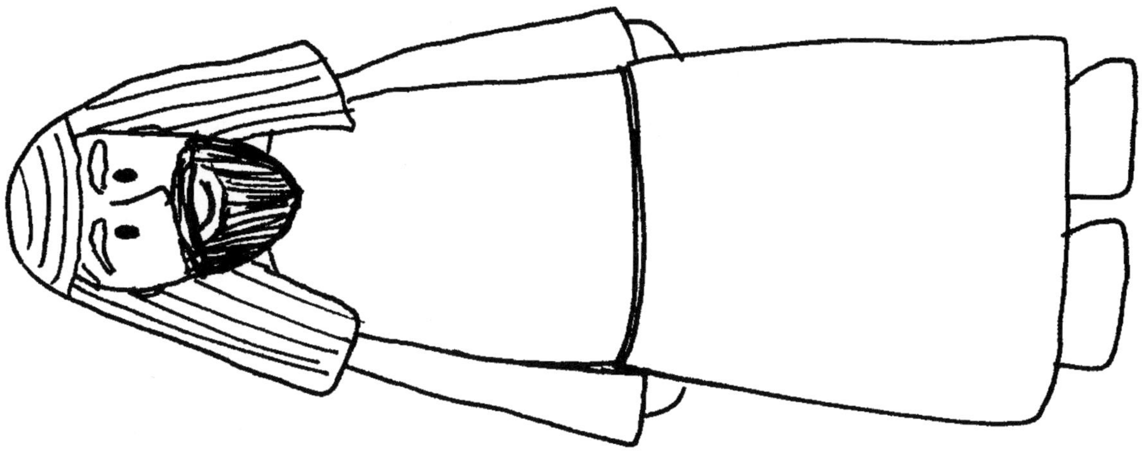

zu Seite 45

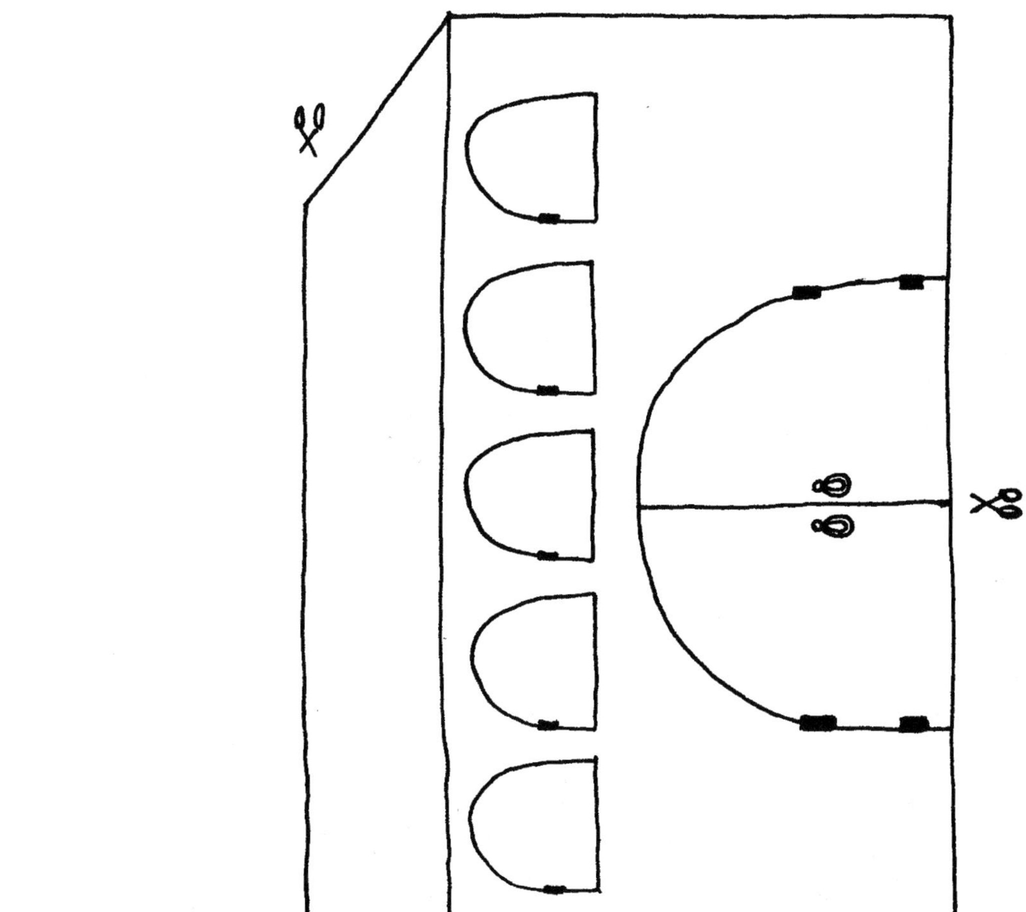

zu Seite 33

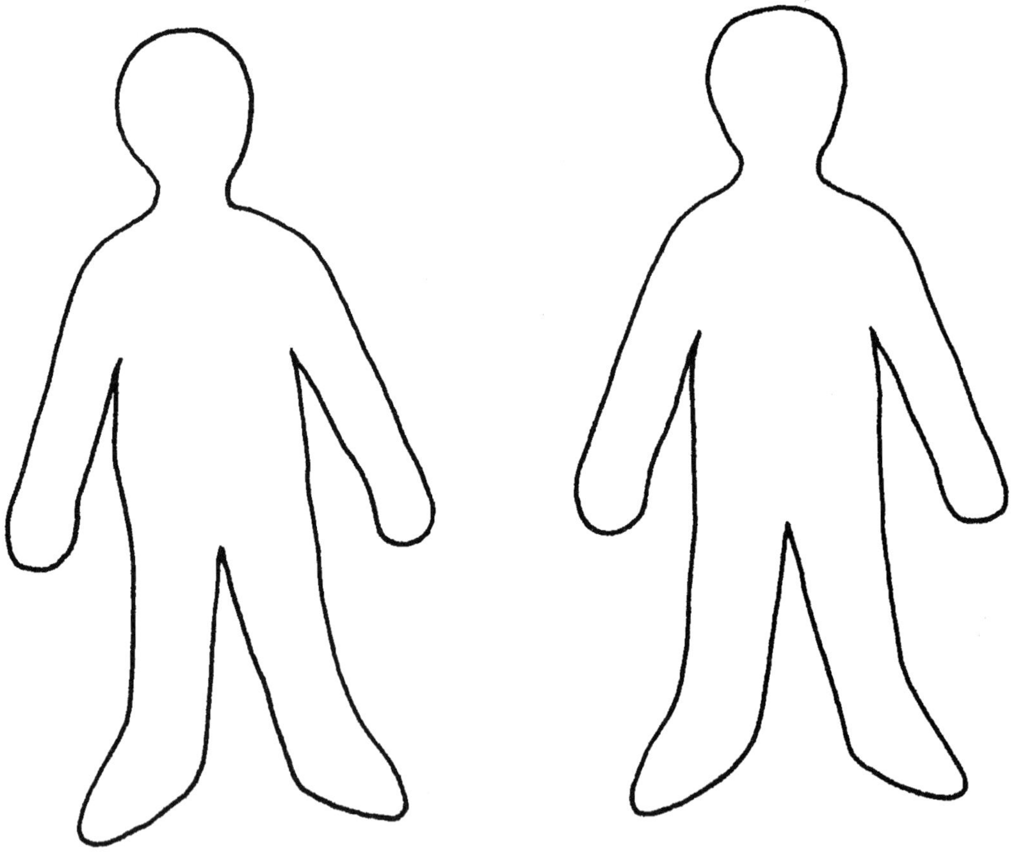

zu Seite 33